Recomendaciones

En *Fuego en el altar familiar*, Cheryl Sacks lanza un llamado de atención para experimentar el poder del Espíritu Santo en nuestros hogares. No se trata de construir una estructura física o mantener un fuego natural, el altar que Dios desea es un corazón y un hogar donde surge la adoración. Nuestro Santo Dios quiere un altar, un lugar donde mantener una relación pura y sincera, donde encontrarse con nosotros, y Su fuego pueda verse en nosotros. Sin un lugar cotidiano, un altar donde avivar el fuego interior, andaremos como el mundo que nos rodea. Cheryl es una generala de oración, y lo que comparte no puede ser más oportuno para invitar al Espíritu Santo a vivir en nosotros. Permita que este increíble manual cambie la atmósfera de su hogar y encienda el fuego de Su pasión en la próxima generación.

Dr. Chuck D. Pierce
Presidente de Glory of Zion International,
Kingdom Harvest Alliance, y Global Spheres Inc.

¡Mi oración es que todos los creyentes lean el libro de Cheryl Sacks, *Fuego en el altar familiar*! Dios le dijo: «¡El avivamiento llegará a los Estados Unidos cuando se restaure el altar familiar!» Esto explotó en mi corazón y mi mente. Crecí en una generación en la que la mayoría de los creyentes mantenían altares familiares, y las familias que oraban juntas permanecían unidas. ¡En mi familia, los que se desviaron regresaron y Dios fue glorificado! ¡El cimiento de las generaciones pasadas es el altar familiar!

Si no tiene un altar familiar en su hogar, este es el momento de construirlo. Cheryl comparte experiencias increíbles y le brinda inspiración y orientación espiritual para ayudarle a levantar y mantener el altar familiar en su hogar, iglesia y comunidad. ¡La oración precede al avivamiento nacional!

GERMAINE COPELAND
Autor de la serie Oraciones que sirven de mucho,
Fundador de los ministerios Oraciones que
sirven de mucho (aka Word Ministries, Inc.)

Conozco personalmente a un puñado de líderes de oración que dominan el arte de la intercesión y tienen un historial de respuestas directas a la oración. Cheryl Sacks está en la parte superior de mi lista. En su libro, Cheryl nos enseña a transformar familias, comenzando por encender el fuego del Espíritu Santo en nuestro propio hogar.

DR. LANCE WALLNAU
CEO, Lance Learning Group

En solo dos generaciones, nuestra cultura ha destruido básicamente la institución de la familia, lo que ha provocado dolor, devastación y desesperación indecibles. La exitosa autora Cheryl Sacks ha escrito una guía completa y práctica para las familias sobre cómo priorizar la relación con Dios y la oración en sus hogares. *Fuego en el altar familiar* proporciona una clara hoja de ruta que las familias pueden usar para mostrar el retorno a Dios que desesperadamente necesitamos y que provocará un gran despertar.

LEN MUNSIL, B.S., J.D.
Presidente, Arizona Christian University

Nunca ha habido mayor batalla por la familia que en la actualidad. En este libro, mi amiga Cheryl Sacks imparte un mensaje crucial que encenderá la fe y estrategias inspiradas por el Espíritu para los creyentes actuales. ¿Puede nuestra nación ser verdaderamente salva y transformada? Creo que la respuesta es un rotundo sí, familia por familia.

Dr. Ché Ahn
Primer Pastor, Harvest Rock Church, Pasadena, California
Presidente, Harvest International Ministry
Rector internacional, Wagner University

Creo plenamente que *Fuego en el altar familiar: Experimente el poder del Espíritu Santo en su hogar* es una lectura obligatoria en todos los hogares cristianos. Este mensaje inspirado por el Espíritu Santo es una palabra actual para el tiempo de avivamiento y despertar en que nos encontramos. Cheryl comparte gran sabiduría, revelación y verdades bíblicas con oraciones y pasos a dar para activar un mover de Dios, el avivamiento y la presencia manifiesta de Su gloria en su hogar y su familia. A medida que las familias y los hogares se conviertan en morada de Su gloria, el despertar barrerá a la nación. Gracias, Cheryl, por esta oportuna palabra.

Rebecca Greenwood
Cofundadora, Christian Harvest International
and Strategic Prayer Apostolic Network

¡La familia actual necesita ayuda espiritual, y *Fuego en el Altar Familiar* se la puede ofrecer! ¡Conozco a Cheryl Sacks desde hace años y puedo atestiguar que conoce familias, conoce la oración y el poder del Espíritu Santo! Usted obtendrá ese conocimiento a través de las páginas prácticas e inspiradoras de *Fuego en el altar familiar*.

Jonathan Graf
Editor, *Prayer Connect* magazine
Presidente, Church Prayer Leaders Network

La batalla en nuestra cultura actual se cierne claramente sobre la familia. Satanás odia los matrimonios sólidos y las relaciones sanas entre padres e hijos. Las familias rotas destruyen la sociedad pero, las familias fuertes pueden transformar una nación. *Fuego en el altar familiar* le equipará para transformar su propia familia restaurando el altar familiar, lo que le permitirá reparar las ruinas de nuestro mundo roto.

Jane Hamon
Apóstol, Vision Church @ Christian International
Autor: *Dreams & Visions, The Deborah Company, Discernment and Declarations for Breakthrough*

¡Este es el mejor libro que he leído sobre la oración y la familia! Como padre y esposo por muchos años, ¡puedo asegurar confiadamente que este libro tiene poder para cambiar la cultura de la familia para siempre! ¡Está lleno de consejos sencillos y prácticos para ayudarle a crear una atmósfera de la presencia de Dios en su hogar! Realmente creo que el avivamiento y el despertar espiritual vendrán cuando el altar familiar sea restaurado en nuestros hogares.

Dr. Jason Hubbard
Director Ejecutivo, International Prayer Connect

En Génesis 1, Dios comienza restaurando el orden en un mundo caótico. Y después reorganizó todo en la tierra alineándola al orden divino, ¡Su solución para mantener el orden en la tierra fue la familia! La familia constituye el plan de Dios para restaurar el Reino de los Cielos en la tierra. Por eso la familia ha sufrido ataques sin cuartel desde el jardín del Edén y experimenta un asalto total en esta generación. Satanás sabe que para destruir la tierra tiene que antes destruir la familia. Pero Dios destruye todo yugo con Su unción. En su libro *Fuego en el altar familiar*, Cheryl Sacks revive, una vez más, el mandato para la familia y la tierra. ¡Este libro es ciertamente un manual oportuno!

Isaac Pitre
Presidente, Isaac Pitre Ministries
Fundador e inspector de Christ Nations Church
Líder de II Kings Global Network
Dallas, Texas

FUEGO SOBRE EL ALTAR FAMILIAR

*Experimente el poder
del Espíritu Santo en su hogar*

CHERYL SACKS

En Colaboración con
Hal H. Sacks, Dmin

WWW.DESTINYIMAGE.COM

© Copyright 2023—Cheryl Sacks

Reservados todos los derechos. Este libro no se puede copiar ni imprimir con fines comerciales o lucrativos. Se permite el uso de citas breves o copia ocasional de páginas para el estudio personal o grupal. Se concederá permiso mediante previa solicitud.

A menos que se especifique, las citas bíblicas usadas en este libro se han tomado de la Santa Biblia versión Reina-Valera, (RVR-1960) 1960 ® © Sociedades Bíblicas en América Latina, 1960. Renovado © Sociedades Bíblicas Unidas, 1988. Usada con permiso. Todos los derechos reservados.

Las citas bíblicas marcadas NVI se han tomado de la Santa Biblia, NUEVA VERSIÓN INTERNACIONAL® NVI® (Castellano) © 1999, 2005, 2017 por Biblica, Inc.® Usada con permiso de Biblica, Inc.® Reservados todos los derechos en todo el mundo.

Las citas bíblicas marcadas NTV se han tomado de la Santa Biblia, Nueva Traducción Viviente, © Tyndale House Foundation, 2010. Usada con permiso. Todos los derechos reservados.

Las citas bíblicas marcadas RVC (Reina Valera Contemporánea) se han tomado de la Santa Biblia, Copyright © 2009, 2011 por Sociedades Bíblicas Unidas. Usada con permiso. Reservados todos los derechos.

Las citas bíblicas marcadas RVA-2015 se han tomado de la versión Reina Valera Actualizada, Copyright © 2015 por Editorial Mundo Hispano. Usada con permiso. Reservados todos los derechos.

Las citas bíblicas marcadas RVR-1995 se han tomado de la Santa Biblia Reina-Valera 1995 ® © Sociedades Bíblicas Unidas. Usada con permiso. Reservados todos los derechos.

El énfasis en las citas bíblicas es debido a la autora.

Tenga en cuenta que el estilo editorial de Destiny Image usa mayúsculas en ciertos pronombres que aluden al Padre, al Hijo y al Espíritu Santo, y puede diferir del estilo de otras editoriales. Tenga en cuenta que el nombre satanás y otros con él relacionados no están en mayúscula. Elegimos no reconocerlo, hasta el punto de quebrantar reglas gramaticales.

DESTINY IMAGE® PUBLISHERS, INC.
P.O. Box 310, Shippensburg, PA 17257-0310
"Promoting Inspired Lives."

ISBN: 978-1-952943-35-5
Versión en inglés ISBN: 978-0-7684-6424-5
Libro electrónico en español ISBN: 978-1-952943-04-1
Disponible en amazon.com

Este libro y todos los demás libros de Destiny Image y Destiny Image Fiction están disponibles en librerías y distribuidores cristianos por todo el mundo.

Para más información sobre distribuidores extranjeros, llame al 717-532-3040.
Contáctenos por Internet: www.destinyimage.com.

Dedicación

A mis maravillosos nietos Luca,
Rocco, y Cosetta Reginelli

ÍNDICE

Prólogo por *Dutch Sheets* 1

Prólogo por *Cindy Jacobs* 5

PRIMERA PARTE   El propósito y el poder de un altar de oración: Ayer y hoy 7

Capítulo 1   La visión: Iluminar a la nación 9

Capítulo 2   ¿Qué es un altar? ¿Por qué su familia necesita uno? 21

Capítulo 3   ¿Por qué Satanás se opone a la familia? ¡Es una guerra total! 39

Capítulo 4   La familia puede salvar a la nación: Hogar por hogar 55

SEGUNDA PARTE   Busque al Señor a solas y con otros 69

Capítulo 5   Cómo pasar tiempo a solas con Dios: Apártese a un lugar para encontrarse con Él ... 71

Capítulo 6   Enriquezca su matrimonio por medio de la oración: Más intimidad, menos conflicto 87

Capítulo 7   Comience con la oración familiar: Formas de involucrar a todos 103

Capítulo 8	Bendiga a sus hijos: Impártales palabras vivificantes	121
Capítulo 9	Ore con la familia de Dios: Obtenga resultados exponenciales cuando la Ekklesia se mantiene unida	137
TERCERA PARTE	Cómo cambiar el clima espiritual: Atraiga la presencia de Dios	155
Capítulo 10	Cómo crear una atmósfera vivificante en su hogar: Vivan bajo un cielo abierto	157
Capítulo 11	Enciende el avivamiento: La diferencia que hace su altar de oración	173
Capítulo 12	Atrae el fuego: ¿Qué es lo que invita la presencia de Dios?	189
Capítulo 13	Cuando cae el fuego: ¡Mantenga la llama encendida!	203
Apéndice -	Guías de oración y herramientas de activación	219
	Una guía de oración en familia para 10 días	221
	1—Ore por el destino de cada persona	223
	2—Oración basada en textos bíblicos	225
	3—Descubra sus dones espirituales	227
	4—¿Cuál es su historia?	229
	5—Toma de decisiones	231

Índice

6—Ore por la escuela de sus hijos..........233

7—Ore por la economía de su familia.......235

8—Ore por el futuro y el llamado
de su familia.............................237

9—Limpie su hogar de influencias malignas .239

10—Celebre la comunión en familia........243

Ideas creativas para orar en familia..........247

Principios para la oración conjunta..........257

Oraciones bíblicas por su familia............265

Oraciones por sanidad.....................285

Oraciones bíblicas por un despertar
espiritual en la nación.....................289

Oraciones bíblicas por las generaciones
emergentes...............................295

Siete oraciones de poder vivificante
para su iglesia............................301

Notas....................................303

Prefacio

Por Dutch Sheets

He viajado varios millones de kilómetros por todo Estados Unidos, alentando y enseñando al Cuerpo de Cristo sobre la oración. A veces bromeo diciendo que soy como Johnny Cash: «Hombre, he estado en todas partes, en todas partes». En mis viajes he tenido el privilegio de conocer a mucha gente maravillosa, a miles de intercesores comprometidos y cientos de líderes fieles. A pesar de la madurez de esos estimados guerreros y generales, puedo afirmar con total confianza que ninguno supera a Cheryl Sacks y Hal, su increíble esposo.

Cheryl y Hal son coordinadores de oración en todo el estado de Arizona, lo cubren de una intercesión madura. Los pastores confían en ellos, los educadores les aman, los empresarios procuran y respetan su consejo y los intercesores les siguen a la guerra. Son bien conocidos tanto en el cielo como en el infierno. Para que conste, aunque corramos el riesgo de decir obviedades, ¡Cheryl Sacks está especialmente cualificada para escribir este libro!

Ahora permítaseme decir algo que puede no ser tan obvio: este *no* es un libro sobre devoción familiar. Es una recopilación de ideas que han sido probadas y que le ayudarán a atraer el fuego y la presencia de Dios a su vida, hogar y familia. Lejos de ser un manual religioso de instrucciones, es una guía para obtener victoria, éxito espiritual y prosperidad para usted y los suyos.

En las Escrituras se construyeron altares para captar el fuego de Dios, que luego, preparó el camino para la presencia de Dios. La rutina religiosa, incluso las disciplinas importantes, se pueden volver obsoletas, tediosas y sin vida si no reciben la energía de la presencia y el poder del Espíritu Santo. El apóstol Pablo nos advirtió que podemos observar formas o rituales con apariencia de piedad, no infundidas con el poder del Espíritu Santo (véase 2 Tim. 3:5). No obstante, si asiste a una reunión de oración o conferencia dirigida por Cheryl Sacks pronto se dará cuenta de que ella trata de la presencia y el poder del Espíritu Santo. Sus libros llevan la misma dinámica. Por eso dos secciones de este libro se titulan «Busque al Señor a solas y con otros» y «Cómo cambiar el clima espiritual: Atraiga la presencia de Dios».

Una de las *muchas* cosas que distingue a este libro es su practicidad. Si bien es vigoroso y revelador, también es extremadamente práctico. Este siempre ha sido uno de los puntos fuertes de Cheryl y Hal. No solo *comparten* la verdad, sino que también nos enseñan a *aplicarla*. Este libro es uno de los mejores compendios de revelación y sabiduría, impartición y aplicación que conozco. A menudo, se nos dice qué cosas hay que hacer, pero no cómo hacerlas. Usted

Prefacio

no experimentará esa frustración después de leer este libro. ¡Podrá *aplicar* su enseñanza!

Es fantástico leer acerca del fuego que cae sobre el altar de Elías y la gloria que llena el templo de Salomón; es emocionante oír hablar del poder del cielo y de las lenguas de fuego sobre los discípulos en el Aposento Alto; pero estos relatos son mera teología hasta que el fuego, la gloria y el poder entran en nuestra casa. De eso trata *Fuego en el Altar Familiar*.

DUTCH SHEETS
CEO/Presidente, Dutch Sheets Ministries,
Editor del diario devocional Dele 15

Prólogo

Por Cindy Jacobs

La primera institución que Dios creó fue la familia, es el ladrillo de la sociedad. Por eso tiene sentido que Satanás lo ataque ferozmente. Uno solo tiene que mirar en derredor y ver los hogares rotos en nuestra generación.

Por tanto, éste no es solo un libro importante, sino crucial. Cheryl Sacks ha identificado una importante fortaleza justo delante de nosotros: la destrucción de la familia. Pero Dios tiene un plan. Su corazón es traer avivamiento a la nación a través de familias que oran y adoran unidas.

Parece sencillo, ¿verdad? No es sencillo, es profundo. No hay nada que una o sane más que una familia de rodillas conversando con Dios.

Cheryl nos ha hecho un gran favor a todos al escribir este libro. Ella aporta ejemplos de las sanidades y milagros que tienen lugar cuando las familias oran unidas e invitan la gloriosa presencia de Dios a sus hogares. La lectura de *Fuego en el altar familiar* me recordó que mi papá, un predicador, nos hacía arrodillar junto a la cama para orar todas las noches antes de acostarnos. Nunca olvidaré su profunda voz de barítono clamando a Dios por cada uno de nosotros y por nuestro destino. A partir de esa base sólida, el Señor hizo crecer semillas de oración hasta levantar un día movimientos de intercesión por todo el mundo. Ésta es una de las cosas más maravillosas que suceden en el altar familiar: podemos orar para que nuestros hijos cumplan el llamado y el destino que Dios les ha encomendado.

Desde que Cheryl y yo somos amigas, ya por 30 años, he visto una y otra vez que ella ora y recibe respuestas de parte de Dios. Por esta razón, recomiendo encarecidamente las oraciones del Apéndice que usted puede personalizar para su propia vida y familia, como la «Ore por victoria para un matrimonio con problemas», «la escuela de sus hijos», «el futuro y el llamado de su familia» y «para que sus seres queridos conozcan a Cristo». De hecho, ¡este material beneficioso justifica por sí solo el precio del libro!

Fuego en el altar familiar es un libro práctico. Le ayudará a activar la vida de oración de su familia. Le mostrará cómo cambiar la atmósfera espiritual de su hogar y experimentar el poder del Espíritu Santo. Hay cosas contenidas en él para los solteros, así como para las familias. Lea este libro atentamente y aplique la revelación que contiene. ¡Sanará a su familia, a la familia de Dios y a su nación!

CINDY JACOBS

Cofundadora, Generals International

Primera Parte

El Propósito Y El Poder De Un Altar De Oración: Ayer Y Hoy

Capítulo 1

La Visión: Iluminar La Nación

¡Levántate y resplandece, que tu luz ha llegado! ¡La gloria del Señor brilla sobre ti! Mira, las tinieblas cubren la tierra, y una densa oscuridad se cierne sobre los pueblos. Pero la aurora del Señor brillará sobre ti; ¡sobre ti se manifestará su gloria! Las naciones serán guiadas por tu luz, y los reyes, por tu amanecer esplendoroso. (Isaías 60:1-3, NVI).

Nunca olvidaré aquel momento. Estaba de pie, sobre el escenario, en la conferencia de una gran iglesia, a punto de elevar una oración por un avivamiento en Estados Unidos. Mientras permanecía en silencio, el Espíritu Santo me habló de repente con una voz resonante, casi audible.

¡Casi me caigo! Sus palabras resonaron con tal fuerza y urgencia que me impactaron:

«¡EL AVIVAMIENTO LLEGARÁ A LOS ESTADOS UNIDOS CUANDO SE RESTAURE EL ALTAR FAMILIAR!»

Esto brotó de la nada. Nadie en la conferencia había hablado de la familia. No era ni remotamente lo que esperaba OÍR del Señor.

Mientras estas palabras resonaban en mí, no pude evitar dejar de pensar en la depravación cultural y los complejos problemas que afectan a los Estados Unidos. *¿Cómo algo tan sencillo como la oración en familia, la lectura de la Biblia y la adoración conjunta podrían proporcionar vida espiritual a toda una nación?*

«Tu plan suena bastante *simplista*», le respondí al Señor.

Tan pronto como pensé esto, un joven subió a la plataforma y comenzó a orar las palabras exactas que acababa de escuchar: «*¡Señor, restaura el altar familiar en los hogares de todo Estados Unidos!*»

¡Increíble! ¡Qué confirmación!

En ese momento, los cielos parecieron abrirse ante mí y vi una visión de la nación cubierta por una oscuridad profunda e impenetrable. De repente, al mirar más atentamente, vi que algunas casas comenzaban a iluminarse, brillar como estrellas en el oscuro cielo nocturno. Las chimeneas ardían intensamente en las casas donde las familias estaban sentadas orando apasionadamente y alabando al Señor. Luego, de pronto, los hogares de todo el país resplandecieron mientras, dentro, las familias oraban y adoraban. Esto se extendió como un reguero de pólvora hasta que toda la nación ardía con el poder y la presencia de Dios.

Me llené de asombro: ¡lo que vi me dejó sin aliento! «Señor», exclamé, «¿puede ser así? ¿Es la *familia* la clave para desbloquear el avivamiento por el que hemos estado orando?»

El Mover De Dios Que Viene

En los siguientes días, el Señor comenzó a hablarme diciendo que Él visitaría hogares en los Estados Unidos y en todo el mundo. Me mostró que si las familias le adoran e invitan al Espíritu Santo a sus hogares, Él los revivirá y los regresaría a la vida. Su presencia y su poder colmarán sus vidas y hogares, y encenderá una pasión y un hambre de Dios que se extenderá a sus allegados.

Esta no sería la primera vez que Dios usa el altar familiar para desatar un avivamiento. A fines de la década de 1600, un ministro puritano llamado Thomas Boston se sentía agobiado por el estado de su iglesia en Escocia, no solo espiritualmente fría, sino, prácticamente vacía. Comenzó a visitar los hogares de sus feligreses y a preguntarles específicamente cuáles eran sus necesidades espirituales. Boston descubrió que algunos de los suyos ni siquiera estaban seguros de ser salvos, y guió a muchos a Cristo. En cada hogar leía la Biblia, oraba y desafiaba al cabeza de familia a reunirse en torno al altar familiar todos los días. En cuestión de meses, estalló un avivamiento en su comunidad que llenó la iglesia y cambió la vida de sus miembros para siempre. El cambio comenzó ante el altar familiar.[1]

En los tiempos que vivimos, Dios está llamando a su pueblo a encender nuevamente el altar familiar, a establecer nuestros hogares como lugares de encuentro regular con Él. Nos está diciendo:

«¡Quiero entrar en tu hogar de una manera fresca y nueva!» Creo que cuando el pueblo de Dios responda a esta invitación, marcará el comienzo de un movimiento sin precedentes del Espíritu Santo, que llenará los hogares de sanidad, restauración y un amor renovado por Dios y por los demás. De hecho, en mi visión el Señor me mostró «fuego del Cielo» que cae sobre las familias, y se extiende a la familia de Dios —un mover divino, concéntrico, que comienza en nuestros corazones al tiempo que el Espíritu Santo nos prepara para ser una vez más el lugar donde Él es bienvenido.

El fuego de Dios viene para *purgar* el pecado, todo lo que nos separa de Dios y de otros. ¡Él encenderá la justicia y la pasión por el Reino! Esto despertará a la nación espiritualmente y encenderá un fuego que arde profundamente en el corazón de las familias y en toda la familia de Dios.

El Espíritu Santo hará una obra profunda a medida que los creyentes se arrepientan de sus malas actitudes hacia Dios y hacia los demás. Esto acarreará demostraciones tangibles de amor, unidad y honor en el pueblo de Dios. Las ofensas se abandonarán a medida que los creyentes se arrepienten de la envidia, la falta de perdón, la amargura y la competencia. Este fuego santo quemará todo lo que se había edificado sobre cimientos de madera, heno y hojarasca, para que nuestras vidas y hogares estén asentados sobre cimientos firmes (véase Rom. 14:10-12; 1 Cor. 3:11-15).

Es interesante notar que una definición de avivamiento es «volver a la intención, condición o propósito original». Esto es lo que el Señor hará en este próximo gran mover del Espíritu Santo. Él restaurará nuestros hogares y los llenará con Su presencia, del mismo modo que la primera familia, Adán y Eva, vivieron y se comunicaron con Dios en el jardín.

Sé que uno se puede sentir, como mucha gente, que su vida, familia, nación o «_____» (llene usted el espacio en blanco) están demasiado rotas para ser restauradas. ¡Pero, esto no es cierto! La Biblia presenta esperanza en muchas historias de vidas rotas y en una nación (Israel), aparentemente demasiado alejada de Dios como para ser restaurada. No obstante, cuando Su pueblo le invocó y buscó de todo corazón, el Señor siempre respondió y les restauró.

No es tiempo de renunciar a su cónyuge, hijo o nieto. Dios no se ha dado por vencido con nuestras familias, así que, ¿por qué hemos de hacerlo nosotros? No es tiempo de renunciar a su nación. Es el momento de clamar a Dios, de hacer, de edificar en su hogar un altar de oración y adoración a Él y ver cómo libera Su poder del Cielo a la tierra.

¡PREPARAOS!

Hay cosas que el Señor quiere decirnos a nosotros y a nuestras familias durante estos tiempos extraordinarios. Oigo el llamado urgente del Señor a Su Iglesia: «¡Preparaos, poned vuestras casas en orden, y haced lugar para que mi Espíritu se mueva con poder!» Este es un llamado de atención para disponernos a recibir un derramamiento de Su Espíritu Santo que llenará hasta rebosar nuestros hogares, y traerá una gran cosecha de almas.

Siento una gran y persistente urgencia del Señor de acercarme a Él, de salir de la proverbial rueda de hámster en nuestra vida cotidiana, de pasar en silencio el tiempo suficiente para escuchar

Su voz y estar dispuestos a hacer lo que Él nos pide. Si avanzamos demasiado rápido y no escuchamos la voz del Señor, si nos aferramos demasiado a «lo que fue», o a lo cómodo, nos perderemos de lo que el Señor nos está diciendo y lo que Él quiere hacer en y a través de nuestros hogares. ¡Debemos prestar atención!

Siento que esto es lo que el Señor nos pide a todos nosotros: «¿Estarías dispuesto a hacer los cambios necesarios para cambiar de dirección mientras dirijo?, ¿De acelerar cuando digo: 'Ve deprisa'? ¿Aceptarías los cambios cuando digo: 'He aquí, estoy haciendo algo nuevo'? ¿Reducirías la velocidad y esperarías pacientemente cuando te dijera: 'Estad quietos y sabed que yo soy Dios'?»

Todos debemos estar dispuestos a cambiar para permitirle a Él poner las cosas en su sitio, para dar a nuestras familias un reinicio divino.

Su Hogar Puede Ser Un Depósito De Su Gloria.

Es posible hacer de su hogar un depósito de la gloria, la presencia y la provisión de Dios en tiempos de crisis cultural. También puede conectarse con otras familias como «casas de oración» para levantar una morada de la presencia de Dios. Usted y los que le rodean pueden crear comunidades de refugio como la tierra de Gosén para el pueblo judío en Egipto. Para los israelitas, Gosén fue un lugar de protección y provisión especial de Dios. Dios dijo a Sus hijos: «*Habitarás en la tierra de Gosén, y estarás cerca de mí, tú y tus hijos, y los hijos de tus hijos, tus ganados y tus vacas, y todo lo que tienes*» (Gén. 45:10). Gosén vino a ser un floreciente lugar de refugio en el tiempo del juicio de Dios cuando el ángel de la muerte pasó por la nación y ellos se salvaron (véase Éxo. 12).

Este no es un llamado para que la Iglesia se esconda en sus hogares; es un tiempo para que la Iglesia se levante y brille, como proclamó el profeta Isaías: «*¡Levántate, resplandece! ¡Tu luz ha llegado! ¡Ya la gloria del Señor brilla sobre ti!*» (Isa. 60:1, RVC). El Señor está indicando que viene un mover ardiente de Su Espíritu *en* los hogares, que desatará un rápido avivamiento y un mover de Su Espíritu en comunidades, ciudades y naciones.

Estamos viviendo días de un estrés tremendo, y la Escritura nos dice que esto no hará sino aumentar (véase 2 Tim. 3:1). La gente buscará a los que sepan acercarse a Dios a su favor. A medida que se extiende el avivamiento, muchos nuevos creyentes necesitarán más de las Buenas Nuevas de Dios: los «elementos básicos» de la Biblia. Por eso el Señor nos está llamando a preparar nuestros hogares para que sean habitaciones para Él, llenos de Su presencia, lugares cálidos y acogedores para discipular la cosecha.

En los tiempos que se avecinan, los seguidores de Cristo nos necesitaremos unos a otros como nunca antes. El enemigo de nuestra fe rechazará este mover de Dios con toda su fuerza y poder. El Señor nos llama a acercarnos a amigos y vecinos para invitarles a nuestro hogar para tener momentos de oración y adoración, y compartir la fidelidad de Dios en nuestra vida llena del Espíritu. Se ve, incluso, en los Hechos de los Apóstoles, cuando los primeros cristianos fueron perseguidos por su fe, que se reunían diariamente en los hogares, comían en compañía y se armaban de valor orando y adorando juntos (véase Hech. 2:42-47). Salieron de esos encuentros con el Señor capacitados para predicar el Evangelio con audacia (pese a ser amenazados de prisión o muerte), sanar a los enfermos y resucitar a los muertos.

Tal como vemos en la Iglesia primitiva, el don de la hospitalidad será un componente vital de este próximo gran mover de Dios.

> *Ya se acerca el fin de todas las cosas. Así que, para orar bien, manteneos sobrios y con la mente despejada. Sobre todo, amaos los unos a los otros profundamente, porque el amor cubre multitud de pecados. Practicad la hospitalidad entre vosotros sin quejaros. Cada uno ponga al servicio de los demás el don que haya recibido, administrando fielmente la gracia de Dios en sus diversas formas.* (1 Ped. 4:7-10, NVI).

Nada es más eficaz para atraer a las personas al Reino y discipularlas que cultivar amistades en un hogar cálido. Una amiga mía, Merrily y su esposo, Paul, invitan regularmente amigos a su casa a comer y convivir. A veces, son amigos de la iglesia, o padres de los amigos de sus hijos, de la escuela, equipo de fútbol o gimnasia, la mayoría de los cuales aún no son creyentes en Cristo.

Merrily había hablado del Señor con su entrenadora personal, Jen, y con la niñera, Christina. Así que, cuando Merrily y Paul organizaron un tiempo de adoración nocturna con familiares y amigos, decidieron invitar a Jen y Christina.

Varios invitados llevaron instrumentos, un teclado y guitarras, y todos se unieron para adorar al Señor. No fue un programa formal, sino más bien un encuentro casual de amigos reunidos para centrarse en Jesús.

Jen, que nunca había estado dentro de una iglesia, comentó, luego, que su experiencia fue tan profunda que apenas podía mantenerse en pie; se sentía «como gelatina», a punto de estallar en lágrimas. Por ese tiempo, Jen estaba separada de su esposo y lista para solicitar el divorcio. Pero, a raíz de ese encuentro, conoció la fe en Cristo. Comenzó a orar por su esposo y su matrimonio. Poco después, su esposo se acercó a ella y le preguntó si podían hablar. Acordaron pedir consejo y los dos se reconciliaron.

Christina también tuvo un encuentro con el Señor aquella noche y comenzó a hacer muchas preguntas a Merrily. Quería saber más acerca de Dios y cómo mantener una relación personal con Él. En esos momentos, Christina estaba muy estresada con sus estudios, y su relación con su novio Josh se había estancado en un ciclo poco saludable de discusiones y peleas.

Una noche, a las dos de la madrugada, Christina llamó a Merrily llorando. Christina y Josh habían estado bebiendo hasta tarde y Josh se había peleado con otro miembro de la familia. Cuando Christina trató de intervenir y detenerlos, inadvertidamente recibió un golpe en la cara y brotó sangre por todas partes.

Merrily recogió a Christina en su coche, la llevó a casa, la limpió y le ofreció cama en el dormitorio de invitados. Al día siguiente oraron juntas. Esa misma semana, Paul visitó a Josh y durante varios meses se reunió con él regularmente para orar y estudiar la Biblia.

La pareja con problemas comenzó a asistir a la iglesia con Merrily y Paul. Aceptaron a Cristo, fueron bautizados en agua y llenos del Espíritu Santo. Sometieron su relación al señorío de Jesucristo y se casaron. Hoy, Christina y Josh son una de las parejas más felices que conozco. Ellos resplandecen de amor el uno por el otro y por el Señor. Hasta han manifestado que quieren hacer por los demás lo que Merrily y Paul hicieron por ellos.

Este es el tipo de encuentros que el Señor desea que todos experimentemos regularmente en nuestros hogares. Él quiere ser el centro de nuestros matrimonios y familias. Él quiere que Su Espíritu Santo sea como un fuego que arda en nuestros hogares para que todos los que entren en nuestra casa perciban Su presencia tangible.

A medida que nuestras familias se saturen del corazón de Dios y se llenen de Su esperanza, su gozo y su amor, volveremos a encender en otros el fuego que se reavivó en nosotros.

Cualquiera que sea la etapa de la vida en que usted y su familia se hallen, urge en esta hora preparar nuestros hogares y corazones para este extraordinario mover de Dios. Escucho el llamado urgente del Señor, e incluso una promesa, a nuestras familias y a la familia de Dios hoy: «*¡Si me construyes un altar, vendré con fuego, despertar y avivamiento, a vuestra familia y vuestra nación!*»

ACTIVACIÓN: DEDIQUE SU HOGAR AL SEÑOR

La práctica de dedicar el hogar al Señor ha sido común desde los tiempos del Antiguo Testamento. No solo dedicamos la casa a Dios para Sus propósitos: paredes, puertas, habitaciones y objetos, sino que le dedicamos todas las actividades que se hacen en ella. Josué declaró ante el pueblo de Israel: «*Por mi parte, mi familia y yo serviremos al Señor*». (Jos. 24:15, NVI). Nosotros podemos declarar lo mismo.

Lo ideal es hacer esto con su cónyuge e hijos, pero usted puede hacerlo solo si no están del todo preparados. También puede invitar a algunos amigos de su comunidad cristiana a unirse a usted. No necesita de un sacerdote o pastor para dedicar su hogar, pero añadiría una hermosa aportación si decide invitar alguno.

1. Reúna a su familia en un sitio, como la sala de estar, y exprese una oración de dedicación de su hogar. La oración puede ser tan simple como ésta: «Señor, te dedicamos esta casa para tus propósitos. Rodea y llena nuestro hogar con Tu amor, que sirva para mostrar Tu amor a todos los que aquí entren. Ayúdanos a reflejarte en nuestra hospitalidad, que podamos buscarte, honrarte y encontrarte aquí todos los días».

2. Pida la protección de Dios sobre su hogar. Puede orar así: «Señor, te pedimos que protejas nuestro hogar de todo mal. Vela por cada miembro de nuestra familia y por todas nuestras posesiones. Te pedimos que envíes Tus huestes angelicales para rodear nuestro hogar, y que pongas una barrera en la puerta de entrada a nuestro hogar».

3. Luego recorra todas las habitaciones de su casa y pida una bendición particular para cada habitación usando aceite de la unción, si lo desea. El aceite de la unción puede ser aceite de oliva o de cocina. Es posible que desee ungir (poner una untada) en los accesos de su hogar, como puertas, ventanas, cercas, entre usted y los vecinos, la televisión y las conexiones de Internet. Si vive cerca del agua, asegúrese de orar también por el muelle.

4. Quizá le gustaría pedir a Dios un pasaje de las Escrituras especial para orar por su hogar. Si sus hijos participan, pueden elegir un pasaje para orar por su propia habitación.

5. Anote la Escritura y la fecha en el marco de una puerta, bajo un umbral, en una placa, en una Biblia familiar o en algún otro lugar significativo.

Oremos

Querido Señor, nuestras familias y nuestra nación te necesitan más que nunca. Solo Tú puedes traer la sanidad y la reconciliación que tan desesperadamente necesitamos. Te pido que envíes un avivamiento a nivel nacional y permitas que comience en mi hogar.

Sé que a medida que mi familia y otras familias suplican que tu poder y Tu santa presencia vengan a nuestros hogares, veremos un retorno masivo a Ti, Tu Palabra y Tus caminos. ¡Declaro, en el nombre de Jesús, que se está restaurando el altar familiar y que se está iniciando un movimiento de oración y adoración para encender a la nación con el poder y la presencia del Dios Todopoderoso! ¡Amén!

Capítulo 2

¿Qué Es Un Altar? ¿Por Qué Su Familia Necesita Uno?

El fuego del altar deberá mantenerse siempre encendido; nunca deberá apagarse. (Levítico 6:13, RVC).

Es posible que el concepto de «altar familiar le resulte nuevo». Tal vez se pregunte: «¿Qué es un altar de oración? ¿Por qué mi familia necesita uno?»

Edificar un altar hoy no significa erigir un altar físico de piedra como lo hizo el pueblo de Dios en el Antiguo Testamento. Como creyente en Cristo Jesús, el altar es su corazón, y el fuego que se enciende dentro de usted es la presencia y el poder de Dios.

Cuando hablamos de «altar familiar», nos referimos a establecer momentos en los que nos reunimos para encontrarnos con Dios e invitar a su Espíritu Santo a nuestro hogar de manera que cambie la atmósfera. La familia se centra más en Dios, y Su presencia comienza a impregnar las relaciones y las actividades que se llevan a cabo en nuestro hogar.

Todo lo que importa en la vida de un hijo de Dios sucede ante el altar, porque el altar es el lugar donde uno mantiene conversaciones íntimas y crece en su relación con el Señor. Es el lugar donde el Cielo toca la tierra, donde su corazón responde a Su presencia y Su corazón responde a sus necesidades y anhelos.

La bendición y la provisión de Dios están aseguradas en el altar. La salvación se encuentra en el altar. El poder sanador de Dios se libera en el altar. Todo lo que usted necesita se obtiene en ese lugar de estrecha comunión e intercambio con el Señor. Si necesita una respuesta o dirección de Dios, puede encontrarla acercándose a Él en el altar. Si busca liberación de un espíritu de opresión, o de la nube oscura de la depresión, ¡puede encontrar liberación en el altar! Todo lo que requiere la intervención sobrenatural de Dios para avanzar se obtiene en el lugar de encuentro con Él.

¿Quiere que Dios cambie las cosas en su hogar, su familia o la vida de sus hijos? (Si usted es como la mayoría de las personas que conozco, su respuesta será un «SÍ» rotundo; probablemente sea esa la razón por la que está leyendo este libro). Permítame animarle, su milagro se encuentra en el altar.

¿Quiere ver un avivamiento en su ciudad? Se origina en el altar. ¡Dios mostrará Su poder a usted y su familia cuando lo busquen en el altar!

Los altares han sido siempre lugares de comunicación e intercambio entre el pueblo de Dios y su Hacedor. En el Antiguo Testamento, Israel construyó estructuras de tierra, madera y piedra para ofrecer sacrificios de animales para obtener perdón y honrar, adorar y encontrarse con su Dios (véase Gén. 8:20; Jue. 6:22-24). Cada vez que el pueblo de Dios dedicaba un altar al Señor, ocurría una transacción tangible entre el Cielo y la tierra.

¿Qué Aspecto Tiene?

El altar familiar es diferente para cada familia y cada cultura del mundo. No obstante, todos los altares tienen componentes similares: leer la Palabra, ministrar al Señor en adoración y oración.

Muchas familias pasan bastante tiempo juntas en el altar, a veces por una hora, una vez a la semana. Algunas, todos los días, y otras dos o tres veces por semana. No importa con cuánta frecuencia, la idea principal es crear una atmósfera en la que el Espíritu Santo toque cada área de la vida del hogar. La presencia de Dios impregna conversaciones y actitudes, ayuda a resolver conflictos y cambia la forma en la que los miembros de la familia se relacionan entre sí. Esa atmósfera fresca y vivificante transforma los valores, la mentalidad y la manera en la que se pasa el tiempo la familia.

La presencia del Espíritu Santo se nota porque influye en las personas que nos visitan, ya sean familiares o amigos. Toda la familia comienza a notar la presencia de Dios por la forma en que viven, hablan y piensan.

Para Experimentar El Fuego De Dios, Es Necesario, Antes, Reconstruir El Altar De Dios.

Al orar para que el fuego de Dios, Su poder y Su presencia, caigan sobre su hogar y nación, es esencial entender este principio: ¡A menos que haya un altar, no puede haber fuego! El profeta Elías sabía esto: todo el pueblo se acercó a él. Luego *«reparó el altar del SEÑOR que estaba arruinado»* (1 Rey. 18:30, RVA-2015). Elías sabía que antes de ver el fuego de Dios, tenía que reconstruir Su altar de adoración.

Hoy día, el Señor está llamando a nuestras familias a recuperar su justa herencia para que el fuego de la bondad de Dios ilumine nuestros hogares, comunidades y nación. El primer paso hacia el avivamiento nacional es restaurar el altar familiar y preparar nuestros hogares para que caiga el fuego de Dios.

La mayor parte de los ciudadanos del país no saben qué es un «altar familiar», ni la importancia que tiene. Las familias reunidas en sus hogares, para orar y adorar al Señor, fueron algo común en la formación de los Estados Unidos de América. Las primeras familias pioneras comenzaban y terminaban el día con una oración familiar, especialmente a la hora de las comidas. Asimismo, la oración y lectura bíblica familiar nocturna fue una costumbre que continuó hasta mediados del siglo XX y marcó el Primer y Segundo Gran Despertar.

No obstante, en los años 60, la oración fue expulsada de la escuela pública y del ámbito civil. Incluso, en las iglesias desaparecieron los altares de oración y la oración familiar en los hogares.

Hoy día, la mayoría de las familias estadounidenses no saben lo que es ni tienen interés por la oración familiar y, en la mayoría de los casos, los miembros de la familia están demasiado distraídos para orar juntos. El altar familiar de oración y adoración se ha deteriorado.

EJEMPLOS DE ALTARES DIVINOS EN LA BIBLIA

Los santos de la antigüedad edificaron altares por muchas razones, pero siempre fueron un lugar de intercambio entre Cielo y tierra. Podemos aprender mucho de esos lugares de encuentro con Dios, que pueden aplicarse a nosotros hoy:

- Noé construyó un altar para dar gracias a Dios después de salvar a su familia del diluvio. Esto agradó a Dios y Él le respondió con la promesa de que nunca más destruiría a todos los seres vivos con un diluvio (véase Gén. 8:20-21).

- Abraham edificó un altar en un lugar donde Dios hizo un pacto eterno con él, dándole la tierra prometida para su familia y su descendencia para siempre (véase Gén. 12:7).

- Jacob, después de luchar con el Señor, se dio cuenta de la bondad de Dios y mandó a su familia limpiarse de sus dioses extraños. Al día siguiente edificó un altar al Dios de sus padres para conmemorar el lugar donde había experimentado el encuentro que cambió su vida (véase Gén. 35:1-7).

- Josué edificó un altar para honrar y celebrar la fidelidad de Dios, Su pacto, y por llevar a Israel a la tierra prometida, otorgándoles una gran victoria militar (véase Josué 8:30-34).

- Gedeón derribó dos altares paganos idólatras y los reedificó para el Dios viviente cuando respondió al llamado de Dios para librar a Israel de los madianitas. Y el Dios de la Paz, El Shalom, fue nuevamente adorado (véase Jueces 6:11-29).

- Elías desafió a los profetas de Baal alrededor de un altar, demostrando el poder de Yahvé sobre otros dioses (véase 1 Reyes 18:20-39).

En estos y otros casos, los altares marcaban la intersección entre dos reinos y en ellos se efectuaban transacciones entre los fieles y su Dios. Los altares servían como lugares de adoración, sacrificio, comunicación y concertación de pactos. En algunos casos, los personajes bíblicos purificaron la tierra de mal y la reclamaron para Yahvé. Hombres y mujeres piadosos lucharon apasionadamente contra la oscuridad espiritual que ocupaba su tierra mientras invocaban a Dios e invitaban a Su poderosa presencia que morara allí, superando la oscuridad que trae el mal.

En otros casos, marcaron un lugar de encuentro personal con Dios o recordaron algún gran favor que Él les había hecho. En todos los casos, los altares fueron puntos de contacto, «puertas de acceso» espiritual entre el Cielo y la tierra. Cuando tales umbrales celestiales se abrían mediante sacrificio y adoración, Dios personalmente se revelaba a sí mismo en maneras poderosas y tangibles, transformando y bendiciendo a quienes allí le buscaban. Dios aún habla y bendice a Su pueblo hoy en el lugar de comunión con Él. Hará lo mismo por usted y su familia cuando pasen tiempo con Él.

El Altar Familiar Hoy

No permita que la idea de construir un altar familiar le intimide. Puede comenzar de manera sencilla. Cuando su familia se reúne y ora en torno a la mesa, edifique un altar. Cuando se encuentra con Dios en su sillón frente a una ventana soleada cada mañana, café en mano, también lo hace. Cuando ora con sus hijos por la noche, a la hora de acostarlos, o los lleva a entrenar o jugar al fútbol, también lo hace.

Cuando Dios habló a mi amiga Teresa acerca de construir un «altar familiar», ella ni siquiera estaba segura de lo que eso significaba. No sabía cómo empezar en su casa:

> Un día, mientras oraba, escuché al Señor decir: «Teresa, quiero que construyas un altar familiar».
>
> «¿Qué significa eso, Señor?», le pregunté. Sentí que Él me pedía que comenzara un tiempo regular de oración y adoración con mi familia. Pero, ¿cómo sería esto posible si nuestros dos hijos ya eran adultos casados y con hijos? ¿Cómo íbamos a edificar mi esposo y yo un altar familiar si nuestros hijos ya se habían ido de casa? Le dije al Señor que estaba dispuesta pero que necesitaba un plan. Mientras esperaba, una idea sencilla surgió en mi corazón. Llamé a toda la familia y sugerí que ayunáramos y oráramos todos los martes. Todos nos saltamos el desayuno y el almuerzo y luego nos reunimos en nuestra casa para cenar. Acordamos hacer la prueba.

Después de la cena, adoramos al Señor y oramos juntos. Para guiar el tiempo de oración, les hice una sola pregunta a cada uno de ellos: «¿Qué quieres que haga Dios por ti la próxima semana?»

Mi nuera es ginecóloga. Ella dijo que quería ver sanidades y milagros en su consulta, de modo que todos oramos por eso. ¡En un par de semanas, el Señor comenzó a responder! Desde que comenzamos nuestro altar de oración familiar semanal, mi nuera ha visto pacientes sanados de tumores, mujeres que antes no podían concebir quedar embarazadas y muchas jóvenes liberadas de la depresión y otros problemas graves.

¡Al poco tiempo ya esperábamos con ilusión la semana siguiente para oír lo que Dios había hecho en la vida de todos y cómo estaba respondiendo a nuestras oraciones![1]

Tal vez se pregunte por qué una simple búsqueda y un acto de obediencia acarrearon tantos milagros. Todos los familiares de Teresa conocían al Señor y ya oraban por su cuenta. Entonces, ¿por qué obtuvo la oración resultados sorprendentes y ocurrieron milagros? ¡Creo que fue porque oyeron al Señor, le obedecieron y edificaron un altar familiar! Al reunir a la familia para dedicar cada semana un tiempo a la oración, y ayunar medio día, experimentaron progresos que no habían anticipado.

Por supuesto, ¡se desata gran poder cada vez que alguien ora! La Biblia nos asegura: «*La ferviente oración del justo, obrando eficazmente, puede mucho*» (Sant. 5:16, RVA-2015). No obstante, como descubrió la familia de Teresa, el poder exponencial se libera orando juntos, ¡por no mencionar la presencia de Dios mismo! Fíjese en la condición para tener acceso a Su poder por medio de la oración conjunta cuando Jesús dice: «*Además os digo que, si dos de vosotros en la tierra se ponen de acuerdo sobre cualquier cosa que pidan, les será concedida por mi Padre que está en el cielo. Porque donde dos o tres se reúnen en mi nombre, allí estoy yo en medio de ellos*» (Mat. 18:19-20, NVI).

Por eso el engañador, satanás, se esfuerza tanto por evitar que nuestras familias oren unidas: ¡él sabe que el poder de Dios que se libera, aumenta y multiplica cuando lo hacemos!

Beneficios De Un Altar Familiar

Cuando usted y su familia oren, adoren y busquen la presencia del Señor unidos, experimentarán el profundo amor de su Padre Celestial por ustedes y descubrirán que su capacidad de amar incondicionalmente también aumenta. Descubrirán la alegría compartida de celebrar a Dios y todo lo que Él está haciendo en sus vidas. Al pasar tiempo en Su presencia e invitar a Su Espíritu Santo a su hogar, verán una transformación maravillosa que:

1. Fortalece los lazos familiares

La oración sencilla, honesta y transparente es el camino para cultivar la intimidad con nuestro Padre Celestial, al igual que las palabras sinceras y afectuosas entre nosotros. Hay un componente de unión tanto vertical como horizontal, y ambos deben estar dispuestos para que el poder de Dios fluya hacia nosotros y a través de nosotros. A medida que nuestros corazones se vuelven tiernos y vulnerables en oración ante Dios y los demás, obtendremos poder para nutrir relaciones más profundas y auténticas (véase Efe. 4:32).

2. Resuelve conflictos

Cuando ore con los miembros de su familia (para resolver tensiones en las relaciones), el Señor ayudará a cada miembro de la familia a reconocer su parte en el problema. Sus ojos están abiertos a lo que ellos mismos pueden hacer para lograr una solución. Orar y adorar juntos atrae la presencia de Dios, suaviza los corazones y arroja una nueva perspectiva sobre los problemas. Cuando ore humildemente con su familia y los estime más que a sí mismo, pida al Señor que le perdone y quite los obstáculos que estorban las relaciones, verá cambiar situaciones imposibles (véase Fil. 2:3-5).

3. Cambia Corazones

Se suele conocer el corazón de un miembro de la familia mejor que a cualquier otra persona de fuera. Se nos ofrecen dos opciones para manejar lo que vemos. Una forma poco productiva es tratar de ayudarle confrontándole con su problema. ¡Normalmente no funciona! La forma más exitosa suele ser orar fervientemente, pedir a Dios que le dé un amor abrumador por la necesidad o situación de la persona y sabiduría para saber qué decir, cuándo decirlo, o no decir nada en absoluto. Pedir siempre a Dios que sane el corazón de su ser querido.

4. Crea una comunicación vivificante

Cuando los miembros de su familia se toman tiempo para compartir sus corazones, todos se sienten valorados. Reunirse en

¿Qué Es Un Altar? ¿Por Qué Su Familia Necesita Uno?

Su amor ofrece un tiempo reservado para averiguar qué sucede en la vida de cada uno, descubrir las necesidades y sueños de cada uno, y brinda la oportunidad de demostrar que nos preocupamos los unos por los otros. Por tanto, considere tomarse un tiempo para escucharse unos a otros antes de lanzarse a orar. Es bueno comenzar haciendo preguntas para romper el hielo y entablar la comunicación; aquí hay algunos ejemplos de lo que se puede preguntar:

- ¿Cuál es el reto más apremiante en este momento?
- ¿Por cuáles cosas está hoy agradecido?
- ¿Hay algo por lo que se siente herido o decepcionado?
- ¿Qué necesita que haga Dios por usted esta semana? (Si alguien necesita oración por sanidad física, consúltese «Oraciones por sanación» en el Apéndice).

También pueden comenzar su tiempo compartiendo historias de milagros y respuestas a oraciones (antiguas o actuales). Esto crea una atmósfera de fe, esperanza y estímulo. Es una forma de dar testimonio de la bondad y la grandeza de Dios a nuestros hijos y a los hijos de nuestros hijos. (Consulte «¿Cuál es su historia?» en el Apéndice para obtener más orientación).

5. *Fomenta la reconciliación*

Nuestro amigo Nate Dorn, padre de cinco hijos, dice que lo primero que hace su familia en su tiempo de oración es despejar la atmósfera de cualquier resentimiento que puedan albergar entre sí. El altar familiar es un lugar seguro para la reconciliación. Dice lo siguiente:

Como padre, te das cuenta, enseguida, de que no puedes dirigir la oración con tu familia cuando las cosas no andan bien entre tú y tus hijos, o entre tú y tu esposa. No puedes hacerlo cuando acabas de ser demasiado duro con uno de tus hijos, o cuando gritas a tu esposa durante la cena, o cuando la menosprecias con ira delante de los niños. Mi esposa no puede acercarse a orar y sentarse frente a mí con dolor o enfado sin resolver. Tus hijos se darán cuenta de lo que pasa, por lo que se necesita humildad. Más de una vez, mi esposa y yo hemos tenido que disculparnos el uno con el otro, o con los niños, antes de comenzar nuestro tiempo de oración familiar.

Los niños también han aprendido a hacerlo. Nos reconciliamos antes de orar juntamente. La oración familiar nocturna nos brinda un momento, lugar y formato para reconocer y pedir perdón por las formas en que nos hemos lastimado unos a otros. Esto limpia el aire de tensión, disipa la amargura, sana los corazones y restaura una atmósfera de amor y unidad.[2]

Para los que viven solos o no tienen una familia natural debido a una pérdida, un matrimonio roto, no se han casado u otras circunstancias, quiero decirles que es conveniente considerar a su familia espiritual como si fuera la suya propia. Dios nos da padres, madres, hermanos y hermanas espirituales; para muchos, ellos son realmente su familia. Puede levantar un altar de oración con ellos.

Cuando yo tenía veinte años, antes de casarme, me reunía todas las mañanas para orar con mi compañera de habitación, una mujer que asistía a mi iglesia. Nos arrodillábamos frente al ventanal de nuestro apartamento y orábamos por el nuevo día, por nuestros futuros esposos, para que Dios nos usara para guiar a otros a Cristo. Pronto vimos encuentros con Dios en el trabajo y los estudios, y decenas de jóvenes solteros abarrotaban nuestro apartamento para orar y estudiar la Biblia.

FAMILIAS QUE ORAN JUNTAS: UNA FUERZA PODEROSA

Un altar significa, hoy en día, llevar un estilo de vida que prioriza el orar, hablar con el Señor y acercarse a Él. Hacemos esto personalmente, con nuestra familia y en círculos cada vez mayores que incluyen la iglesia, escuela, lugar de trabajo, comunidad e incluso la nación.

Uganda, por ejemplo, es una nación que fue devastada por la guerra, las dictaduras y el SIDA. Hoy día, Uganda es conocida por el avivamiento, la unidad y los milagros. Los cristianos de Uganda están estableciendo efectivamente altares de oración familiar, y este modelo está siendo adoptado por creyentes de otros países que también están experimentando un avivamiento transformador.

En su libro *Altares de oración*, Mark Daniel habla de visitantes de Uganda que fueron huéspedes en su casa. A partir de su ejemplo y de testimonios reveladores, empezó a darse cuenta del poder del altar familiar:

> Recuerdo cuando los ugandeses llegaron por primera vez a los Estados Unidos y comenzaron a decirnos que

necesitábamos altares familiares, para vergüenza nuestra, tuvimos que confesar que no los teníamos.

Los ugandeses nos miraban en estado de shock; sabían que estábamos dejando a nuestras familias desprotegidas, permitiendo que las fuerzas de la oscuridad dominaran la mentalidad, las actitudes y la atmósfera de nuestros hogares.

Esto nunca se nos había ocurrido. Simplemente habíamos sido engañados siguiendo las costumbres de los tiempos actuales, pensando que estábamos demasiado ocupados... pero cuando comenzamos a levantar altares de oración, me sorprendió cómo Dios comenzó a cambiar las cosas en nuestros hogares.[3]

Daniel comparte que a medida que las familias estadounidenses que conocieron a los ugandeses fueron fieles en reunirse en casa para orar, experimentaron un hambre renovada por el Señor:

¡Había tantas cosas en nuestros hogares de las que no nos habíamos dado cuenta!: actitudes egocéntricas, palabras ásperas, sarcasmo, comportamiento manipulador y egoísmo; pero a medida que levantamos altares de oración, la atmósfera se tornó más honorable, piadosa y respetuosa... y nuestros hogares se volvieron más tranquilos, pacíficos y amorosos.

Después de preparar altares de oración, nuestros hijos comenzaron a venir y confesar cosas en lugar de ocultarlas, y vimos cambios en ellos que solo el Señor podía haber provocado.[4]

¿Qué Es Un Altar? ¿Por Qué Su Familia Necesita Uno?

Imagínese lo que sucedería si las familias invitaran regularmente la presencia de Dios a sus hogares. ¿Qué haría Dios si oráramos no solo los unos por los otros, sino también por las escuelas, lugares de trabajo e iglesias? ¿Qué haría Dios si cada vez que nuestras familias se reúnen, le pidiéramos que enviara otro Gran Despertar a nuestra tierra?

Creo que veríamos familias llenas de gozo si la sanidad llenara nuestros hogares, los hijos pródigos regresaran y el avivamiento se desatara como fuego reciente sobre el altar. Veríamos multitud de personas, una verdadera cosecha de almas, entrar en el Reino de Dios.

Cuando invitamos la presencia de Dios a nuestros hogares, en torno al altar familiar, ¡Dios lo cambia todo!

Activación: Orar Para Preparar Los Corazones

1. Aparte un tiempo para dedicarlo a orar con y por su familia. Pida al Señor que le guíe a crear el hábito de un tiempo regular de oración y adoración. ¿Cómo sería en su hogar, para su familia? (Consulte «Un modelo de altar familiar» en el Apéndice para obtener más orientación).

2. Antes de acercarse a los miembros de su familia para presentarles la idea, ore al respecto. Pida al Señor que le perdone a usted y a su familia por cómo han descuidado honrarle y pasar tiempo con Él. Es posible que incluso desee reservar un tiempo para ayunar y orar.

3. Ore por cada miembro de la familia, que Dios comience a preparar su corazón, que les conceda el deseo de reunirse, adorar y levantar un «altar familiar» en su hogar.

4. Aunque sienta que algunos miembros de la familia no quieren acudir al altar, no deje que eso le detenga. La honra y adoración al Señor no solo impacta a los que están sentados en la sala mientras se lleva a cabo. Debido a que la presencia de Dios es atraída a la casa, la atmósfera está cambiando, de modo que aunque otros miembros de la familia no participen, el Espíritu Santo en su hogar los ministrará, obrará en sus corazones y conmoverá sus espíritus.

¡Oremos!

Padre Celestial, te pido perdón por mi ajetreo, mis distracciones y por dejar de pasar tiempo contigo, tanto personalmente como con mi familia. Perdóname por no invitarte a estar presente en cada situación de la familia. ¡Nada es demasiado complicado para ti!

No acepto que «sean así las cosas». Eres el Dios que revierte lo imposible. ¡Nada es imposible para Ti!

Señor, en este momento te dedico a mi familia, me comprometo a orar por ellos todos los días y me propongo a buscar oportunidades para que mi familia ore unida. Me comprometo a ofrecerte un lugar en mi vida y en mi hogar para que puedas hacer grandes cosas en nosotros y a través de nosotros. Padre Dios, por favor, concede a mi familia un «reinicio» para ayudarnos a ponerte en el centro de nuestros pensamientos, palabras y actividades. Capacítanos, por tu Espíritu, para buscar tiempo y maneras de orar, juntos, que te honren a Ti y a los demás. Declaro que mi hogar se está llenando de Tu presencia tangible, y que cada miembro de la familia se está transformando a semejanza de Jesucristo. Amén.

Capítulo 3

¿Por Qué Satanás Se Opone A La Familia? ¡Es Una Guerra Total!

Sed sobrios, y velad; porque vuestro adversario el diablo, como león rugiente, anda alrededor buscando a quien devorar (1 Pedro 5:8).

La primera institución que Dios estableció en la tierra fue la familia. Es, sin duda, la más importante para Dios y la más odiada por satanás.

El gran deseo de Dios y Su plan para nosotros y nuestra familia es que vivamos en paz y armonía con Él, entre nosotros y que disfrutemos caminando todos los días en Su presencia. Él nos bendijo con una tierra fértil para administrarla y gobernarla, pero satanás, el enemigo declarado de Dios, está empeñado en destruir nuestra familia. Estamos inmersos en una batalla centenaria. Está en juego nada menos que el destino de nuestros hijos y nietos, así como el aspecto del mundo en el que van a crecer.

Las fuerzas del mal tratan de separar por todas partes a las familias, más allá de lo que creíamos que sería posible.

Se han asignado huestes de espíritus malignos para recurrir a todos los engaños y tentaciones imaginables para romper matrimonios y acabar con el derecho (e incluso la inclinación) de los padres de criar a sus hijos según la cosmovisión bíblica.

Influencias impuras están redefiniendo y distorsionando el diseño original de Dios para la familia, y aun lo que significa ser hombre, mujer, niño o niña.

De una manera u otra, todos estamos experimentando las consecuencias de este conflicto en nuestra vida personal: familias rotas (la nuestra u otras que nos rodean), niveles sin precedentes de ansiedad y desavenencia y el trágico colapso de los ideales que fortalecieron a nuestra nación.

¿Es de extrañar, pues, que veamos hoy niveles de ruptura y desintegración en la familia como nunca habíamos visto? Debe saber una cosa: la conflagración es más grande de lo que se imagina. Se extiende más allá de la mera estabilidad, seguridad y felicidad de su familia o la mía. La estructura misma de la unidad familiar está bajo asalto y, por tanto, el futuro de la civilización está en peligro. Estamos sumidos en una guerra por nuestras familias, en una batalla que es de vida o muerte.

Como Va La Familia Va La Nación

Satanás conoce el valor de la familia, sabe que fue diseñada para ser el cimiento de la sociedad, el bloque básico de construcción de las naciones y el futuro de la obra de Dios en la tierra. En la medida en que la familia es sólida, una nación es fuerte. En la medida en que la familia fracasa, la nación se desmorona. Satanás sabe que si destruye la familia, puede destruir a la nación. No es de extrañar que haya puesto su diana en la familia nuclear. ¡No es de extrañar que las familias de todo el mundo estén experimentando lo que se percibe como un ataque total!

Quizás nunca haya pensado en que todo en el mundo gira en torno a la familia:

La familia establece los valores que influyen en toda la sociedad.

En el hogar, los niños aprenden a distinguir el bien del mal. En él se forma su carácter, en él aprenden a honrar a Dios o a negarle. Así pues, la influencia de la familia se extiende más allá de las cuatro paredes del hogar y se deja sentir en la vida moral, social y civil de la nación. Todo joven traspasa el umbral del hogar al campo de la vida. Además, la forma en que los jóvenes aprenden a comportarse en casa es la forma en que se comportarán en la cultura, y la transformarán para bien o para mal.

La familia es la piedra angular de una economía saludable.

Las familias fuertes producen riqueza. Durante milenios, las familias se han esforzado por crear sus propios negocios y aumentar su flujo de ingresos. Incluso, la raíz de la palabra *economía*, en griego, es *oikonomia*, que significa «hogar», «familia» o «administración del hogar». Hoy día, las empresas familiares siguen siendo la columna vertebral de la economía en muchos países. Por lo tanto, tener familias más fuertes equivale a tener escuelas más fuertes, iglesias y comunidades más fuertes, con menos pobreza y delincuencia.

El Reino de Dios crece a través de la familia.

Una gran porción de la Biblia registra cómo Dios obró a través de la familia para lograr sus propósitos: Moisés y Aarón; José y sus hermanos; Rut y Booz; Ester y Mardoqueo. Y en el Nuevo Testamento, a través de familias como las de Timoteo, Loida y Eunice; y Priscila y Aquila. Los pactos que Dios hizo con Abraham, Isaac, Jacob, y después con David, tuvieron lugar dentro del contexto de la familia.

La familia es el fundamento de la salvación.

De hecho, la intención explícita de los apóstoles fue influir en la unidad familiar como un todo, como se constata cuando Pablo y Silas se encontraron con el carcelero de Filipos:

> *Y sacándolos, les dijo: Señores, ¿qué debo hacer para ser salvo? Ellos dijeron: Cree en el Señor Jesucristo, y serás*

salvo, tú y tu casa. Y le hablaron la palabra del Señor a él y a todos los que estaban en su casa ... Y él, tomándolos en aquella misma hora de la noche, les lavó las heridas; y en seguida se bautizó él con todos los suyos (Hechos 16:30-33).

Una y otra vez, el libro de los Hechos relata que familias enteras aceptaban el Evangelio y se bautizaban juntamente.[1] Por eso la Iglesia primitiva creció tan rápidamente.

La familia es el medio por el cual se transmite la historia de la bondad y fidelidad de Dios de generación en generación:

Hablaremos a la generación venidera del poder del Señor, de sus proezas, y de las maravillas que ha realizado para que los conocieran las generaciones venideras y los hijos que habrían de nacer a sus hijos. Así ellos pondrían su confianza en Dios y no se olvidarían de sus proezas (Salmo 78:4, 6-7, NIV).

La familia es el modelo para establecer y extender el Reino de Dios en la tierra.

Esto queda claro cuando Dios da un mandato a las familias en Gén. 1:27-28: «*Fructificad, multiplicaos; llenad la tierra*». Satanás odia el hecho de que los humanos hayan sido creados a imagen del Dios eterno y que puedan procrear y criar hijos justos para influir en la cultura y gobernar la tierra.

Este último punto nos acerca al aspecto más importante de por qué satanás se opone a la familia. Para entender la profundidad del odio del maligno por el diseño de Dios, debemos volver a la creación y al plan original de Dios.

El Diseño Original De Dios Para La Familia

El hogar de la primera familia estuvo ambientado en el contexto de un hermoso jardín. El diseño original de Dios fue que el hogar fuera como el Cielo, un lugar saturado de paz y gozo. Verdaderamente, era el Cielo en la tierra. La vida de Adán y Eva era sencilla, y lo más destacado del día consistía en pasar tiempo con Él y entre sí. Llenaban sus días caminando y hablando con el Señor, cuidando el jardín y manteniéndolo fructífero y protegido. El Jardín del Edén era una imagen del diseño de Dios para el hogar. Su presencia tangible estaba allí. Adán y Eva tenían todo lo que necesitaban en abundancia.

Este plan se desplegó cuando Dios creó a Adán y Eva y los instituyó como familia. Su propósito era traer niños a su mundo, criarlos para caminar con Dios, llenar la tierra, habitarla y expandir su hogar jardín. Si hacían lo que Dios les había mandado, el gobierno de Dios se extendería por toda la tierra.

Vemos el plan de Dios para la familia claramente definido en el relato de Génesis:

> *Y creó Dios al hombre a su imagen, a imagen de Dios lo creó; varón y hembra los creó. Los bendijo Dios y les dijo: «Fructificad y multiplicaos; llenad la tierra y sometedla; ejerced potestad sobre los peces del mar, las aves de los cielos*

y todas las bestias que se mueven sobre la tierra» (Gén. 1:27-28, RVR-1995).

Dios estableció una sociedad con Adán y Eva y los capacitó para ser fructíferos, multiplicarse y dominar la tierra. Puede que se pregunte: «¿Qué quiso decir Dios con 'someter' la tierra?» La palabra hebrea *ra'dah*, significa «operar con autoridad, gobernar, hollar» y «conquistar». El Señor dijo a Adán y Eva: «Administraréis, seréis fecundos, os multiplicaréis y gobernaréis la tierra conmigo». Se usan dos palabras hebreas para *fructificar* y *multiplicar: pa'ra* y *ra'ba*. *Pa'ra* significa dar fruto como un árbol, ser productivo y reproductivo, mientras que *ra'ba* significa hacerse grande o muchos, multiplicarse y aumentar.

Además, la palabra hebrea *ka'bash*, en el versículo 28, significa la necesidad de *someter* y dominar. La intención original de Dios era que Su creación fuera regida por los seres humanos.

Piénselo: uno de los temas principales de la Biblia es: «¿Quién gobernará la tierra?» En el primer capítulo, Dios va al grano: «Quiero una familia, y Mi familia 'gobernará' la tierra (su hogar) para Mí (véase Gén. 1:26-28). Ellos serán extensión y expresión de Mi Reino. Así mostraré Mi influencia, Mis ideales y caminos justos en toda la tierra». Esto es verdadero y profundo.

La palabra hebrea que significa *dominio* y *gobierno* en este pasaje de Génesis deja en claro que el Creador delega en Adán y Eva esta responsabilidad (*ra'dah*): «dominar sobre, regir, gobernar». El antiguo salmista hebreo conocía esta verdad cuando cambió la palabra *ra'dah* («dominio» y «gobierno»), en Gén. 1:28, por *ma'shal*, en el Salmo 8:6, que significa «dominio absoluto y gobierno por medio de Dios». El salmista aclara que Dios quiso decir que toda la creación fue delegada en Adán y Eva, «para regir y sojuzgar».

Cuando Dios creó a Adán y Eva, hombre y mujer, a Su propia imagen, les dio autoridad sobre todo lo que había creado. ¡Satanás estaba sujeto a la autoridad de Adán y Eva! Pero, mediante engaño, vino como serpiente, les convenció para que le creyeran, se sometieran a sus palabras y desobedecieran a Dios. Al hacerlo, Adán y Eva perdieron la bondad de Dios y renunciaron a su autoridad. Entregaron a Satanás las llaves sobre la humanidad y la tierra, se sometieron a su gobierno.

Pero eso no fue el final de la historia, no todo estaba perdido. Dios sabía que esto sucedería y concibió otro plan; Tenía un «segundo Adán» listo para intervenir y redimir a la humanidad. Así que envió al mundo a Su único Hijo, Jesús, hombre sin pecado, para reclamar Su creación y restaurar su autoridad y su gobierno (véase Lucas 10:19; 1 Cor. 15:21-25; Efe. 1:20-21; 2 Pedro 1:3). Esta historia se desarrolla en la Biblia, narra el choque de dos reinos, el de Dios y el de satanás, con la humanidad como premio.

La historia de la humanidad se resume en dilucidar qué familia gobernará la tierra: la de Dios o la de satanás. Este es el meollo de la cuestión. Dios diseñó a la familia para llevar a cabo Sus propósitos: regir, administrar y derrotar el gobierno y reinado de satanás en la tierra. ¡Por eso éste hace todo lo que puede por desmantelar la familia y destruir la vida y el futuro de nuestros hijos!

LA ESTRATEGIA SATÁNICA PARA DESTRUIR A LA FAMILIA

¿Ha pensado alguna vez en esto? Lo único que se ve y se oye en los titulares y noticias actuales, los ataques más apremiantes contra nuestra cultura, van todos dirigidos a la familia. Todos los temas críticos —matrimonio, sexualidad, identidad de los hijos y vida de los bebés en el útero— están en el epicentro de cada batalla:

- El divorcio ataca al matrimonio, ya que lo anula: rompe el pacto con Dios y entre nosotros. El divorcio desgarra lo que Dios ha unido. Si bien el divorcio es inevitable en algunos casos, deja tras sí restos de corazones rotos y niños lastimados. Se dan más de 750.000 divorcios en EE. UU. por año.[2]

  ¿No hizo él un solo ser, en el cual hay abundancia de espíritu? ¿Y por qué uno? Porque buscaba una descendencia para Dios. Guardaos, pues, en vuestro espíritu y no seáis desleales para con la mujer de vuestra juventud. (Mal. 2:15, RVR-1995).

- La pornografía está atacando el matrimonio y la familia, destruyendo la intimidad que Dios ordenó y sembrando desconfianza en una relación basada en la confianza. Una fuente de noticias informó que un popular sitio pornográfico recibió 30.000 millones de visitas en un año.[3] Bitdefender, empresa tecnológica de seguridad, informó que los niños menores de 10 años representan actualmente el 10 % de los visitantes de videos pornográficos.[4]

- El sexo pre-matrimonial roba la pureza que Dios desea para la unión matrimonial. Puede ocasionar nacimientos fuera del matrimonio y falta de paternidad, lo cual perjudica la posibilidad de tener familias sanas y funcionales.

- El adulterio destruye el regalo más precioso del matrimonio: ¡la confianza! La infidelidad es el compromiso sexual o íntimo con otra persona fuera del matrimonio entre un esposo y una esposa.[5]

- La homosexualidad y la persuasión trans-género son una perversión del diseño y propósito de Dios para el matrimonio y la familia. El transexualismo diezma la creación básica divina de hombre y mujer, las dos entidades necesarias para crear un matrimonio y tener hijos. El engaño, la confusión y crisis de la identidad de género trata de dañar el magnífico plan de Dios para dar fruto, multiplicarse y llenar la tierra. Ciertamente, los que están atrapados en este doloroso engaño necesitan nuestro amor, oraciones y apoyo.[6]

- El aborto ataca la familia, acaba con el propósito del matrimonio y su descendencia. Según el Derecho Nacional a la Vida, más de 63 millones de bebés han sido abortados en Estados Unidos desde 1973.[7] El 24 de junio de 2022, la Corte Suprema de EE. UU. anuló Roe v. Wade, el veredicto legal que legalizó el aborto a nivel federal, devolviendo la decisión de la protección de la vida a cada estado. Actualmente, algunos estados de EE. UU. aprueban las leyes de aborto más radicales del mundo, a tono con China,

Corea del Norte y varios países que permiten el aborto bajo demanda hasta el momento del nacimiento.[8]

- La pedofilia, perversión sexual enfocada hacia los niños, está atacando el matrimonio y la familia, ya que destroza el futuro de niños pequeños mucho antes de que contraigan matrimonio. La mayoría de los expertos coinciden en que 500.000 niños se verán afectados por el abuso sexual infantil cada año.[9]

- El abuso doméstico ataca el matrimonio y la familia, ya que viola el mandato divino de amar, honrar, estimar y protegerse que se deben profesar los esposos mutuamente y a sus hijos.

- En los Estados Unidos, la destrucción premeditada de la familia lleva gestándose varias décadas. En 1963, el congresista Albert S. Herlong, Jr. leyó los 45 objetivos comunistas para EE. UU. en el registro del Congreso. Tales objetivos incluyen las siguientes directivas:[10]

    - Romper las normas culturales de moralidad mediante la promoción de la pornografía y la obscenidad en libros, revistas, películas, radio y televisión.

    - Presentar la homosexualidad, la degeneración y la promiscuidad como «normales, naturales y saludables».

    - Desacreditar la familia como institución. Fomentar la promiscuidad y el divorcio fácil.

    - Enfatizar la necesidad de criar a los hijos lejos de la influencia «negativa» de los padres.

La estrategia global del enemigo es promover ideologías impuras para que sean aceptadas como «normas» sociales. Utiliza todas las esferas de la cultura para colaborar de manera sinérgica para hacer avanzar su agenda. Si bien se piensa, cada una de las siete esferas de la cultura parece actualmente empeñada en destruir la familia, ya sea la industria del entretenimiento, los medios de comunicación, gobierno, educación, empresa y, lamentablemente, incluso algunas iglesias y denominaciones.

DE VUELTA AL JARDÍN

El objetivo último de Dios es que el conocimiento de Su gloria llene la tierra como las aguas cubren el mar (véase Hab. 2:14). Él tiene un plan integral para llevar esto acabo través de la familia. «A medida que los esposos siguen el camino de Dios en el matrimonio, ellos y sus hijos son bendecidos. Los preparan con esmero para ejercer un dominio piadoso en cada esfera social. A su debido tiempo, cuando los niños asuman puestos de influencia en las diversas esferas sociales, dichas esferas se reformarán y reflejarán cada vez más el conocimiento y la justicia de Dios».[11]

Actualmente, nosotros y nuestras familias estamos reviviendo la historia del jardín del Edén. Satanás irrumpió en el paraíso en que vivían Adán y Eva con mentira y engaño, así como actúa hoy para abrir una brecha en nuestros hogares valiéndose de la astucia y el engaño. Él quiere destruir nuestras familias, y en particular, a nuestros hijos, y evitar que entendamos, o distraernos, para que no tengamos autoridad sobre él y sus planes.

¿Por Qué Satanás Se Opone A La Familia? ¡Es Una Guerra Total!

No debemos someternos al hechizo adormecedor del espíritu de este tiempo. ¡Sí, es posible destruir esta agenda diabólica! Comienza en casa. Adán y Eva no protegieron su hogar. Tenemos que emplear todas las armas de guerra que Dios nos ha dado para proteger a nuestras familias. ¡No podemos permitirnos el lujo de fallar como hicieron ellos! ¡Dios nos concedió la mayordomía del hogar, para cuidarlo y mantener a la serpiente (satanás) fuera del jardín!

Esto se hace mediante la oración y la obediencia a la Palabra de Dios. Invitando al Señor y Su presencia en nuestros hogares, en el altar familiar. Se hace enseñando a nuestros hijos a caminar y conversar fielmente con el Señor. También, dando amoroso ejemplo modélico y arrojando constante luz al diseño original de Dios para el matrimonio y la familia.

Necesitamos reconocer los planes del enemigo y hacer guerra espiritual contra el mal que se infiltra en nuestros hogares. También tenemos que vigilar lo que entra en ellos a través de la televisión e internet, estar atentos a los amigos que eligen nuestros hijos, los juegos y juguetes con los que juegan, los famosos que admiran, las cuentas de redes sociales que frecuentan y el plan de estudios que siguen en la escuela. (Para obtener más orientación, consulte «Limpien su hogar de influencias malignas» y «Oren por la escuela de sus hijos» en la Guía de oración en familia para 10 días, en el Apéndice).

Tenemos que orar para que el cerco protector de Dios rodee a nuestros hijos, especialmente cuando no están en nuestra presencia. (Consulte «Oraciones bíblicas por las generaciones emergentes» en el Apéndice, para ver ejemplos de oraciones a declarar sobre los niños).

El mandato a obedecer es el mismo que el de Adán y Eva: evitar que satanás robe, mate y destruya nuestras familias. Debemos «gobernar y gestionar» (*ka'bash*) con autoridad absoluta (*ma'shal*).

Satanás es un mentiroso y recurre a la mentira para destruir vidas y culturas. Juan 8:44 nos avisa que satanás «*desde el principio ha sido un asesino, y no se mantiene en la verdad, porque no hay verdad en él. Cuando miente, expresa su propia naturaleza, porque es un mentiroso. ¡Es el padre de la mentira!*» (NVI). Satanás engaña a las naciones actuando a través de los supuestos fundamentales de la cosmovisión que conforman una cultura.[12]

Para librar esta batalla espiritual se necesitan más que oraciones puntuales y dispersas; se necesitan las armas estratégicas y específicas de la oración para ganar la guerra contra nuestra familia. La palabra estrategia se puede definir como «desarrollo e implementación de operaciones militares contra un enemigo». Necesitamos una estrategia divina para recuperar la familia en nuestra nación. Cada uno de nosotros necesita una estrategia para derrotar al enemigo en su propia familia, y también unir fuerzas con otras familias para reclamar la victoria. Dios nos ha delegado autoridad para echar a satanás de nuestros hogares. «*He aquí os doy potestad de hollar serpientes y escorpiones, y sobre toda fuerza del enemigo, y nada os dañará*» (Lucas 10:19). Pero la batalla por la familia debe librarse con la *ekklesia*, la familia de Dios.

Es hora de que la Iglesia despierte ante el asalto total que ha lanzado satanás, una batalla que expone cada vez más el plan del maligno para desmantelar la familia y destruir a nuestros hijos. Es hora de ponernos de rodillas, tomar nuestras armas espirituales y luchar con la autoridad que Jesús nos ha concedido en Su nombre.

> *Es verdad que aún somos seres humanos, pero no luchamos como los seres humanos. Las armas con las que luchamos no son las de este mundo, sino las poderosas armas de Dios, capaces de destruir fortalezas y de desbaratar argumentos y toda altivez que se levanta contra el conocimiento de Dios, y de llevar cautivo todo pensamiento a la obediencia a Cristo* (2 Corintios 10:3-5, RVC).

Recuerde siempre que satanás es «un usurpador, un rebelde, un ladrón que no tiene derecho a robar, matar y destruir, pero lo *hará* si no se le detiene. Si hemos sido librados de la autoridad de satanás y hemos recibido una autoridad superior en el nombre de Cristo, entonces debemos ejercer tal autoridad sobre las obras y el poder del diablo. Cuando lo hagamos, el asombroso poder de Dios respaldará nuestra autoridad».[13]

Activación: Reconociendo Las Estrategias Del Enemigo

1. Identifique formas en las que ve al enemigo actuar para destruir su propia familia. ¿Ve evidencias de que está atacando a su matrimonio y sus hijos? ¿De qué manera? Hable de esto con su familia. ¿Cómo ve que trata de desmantelar la esfera familiar de su comunidad, ciudad, estado o

provincia (incluidas las escuelas, medios de comunicación y entretenimiento, gobierno, etc.)?

2. Identifique pasajes de las Escrituras aplicables a estas esferas de infiltración. Úselos como plataforma de lanzamiento para orar sobre estos temas con su cónyuge y sus hijos, según convenga a su edad.

3. Oren unidos por la protección de Dios sobre su matrimonio, hogar y miembros de la familia. (Consulte «Salmo 91 - Oraciones de protección por mi familia», en el Apéndice, para obtener más orientación).

OREMOS

Querido Padre Celestial, por favor, ayuda a mi familia a entender mejor Tus principios y propósito para una familia según Tu modelo. Perdónanos por adoptar modelos falsos y dañinos que nos envuelven. Perdónanos por escuchar las mentiras de satanás. Permítenos, por tu Espíritu Santo, ser ejemplo de una familia que se ajusta a tu diseño original. Capacita a mi familia para que forme parte de Tu plan para construir una nación de familias fuertes que honren Tu nombre. Declaro que mi familia está fuera del alcance de satanás, que estamos protegidos por el poder y la presencia de Dios Todopoderoso. Amén.

Capítulo 4

La Familia Puede Salvar A La Nación: Hogar Por Hogar

*Pero te he dejado con vida precisamente para mostrarte
mi poder, y para que mi nombre sea proclamado
por toda la tierra* (Éxodo 9:16, NVI).

Nuestra nación, y todas las naciones del mundo, están en crisis. Estamos viendo protestas masivas, disturbios y revoluciones. Sequías generalizadas, inundaciones e incendios. La hiperinflación se ha venido disparando a medida que gobiernos indisciplinados incrementan su deuda nacional. El crimen violento aumenta en las principales ciudades de los Estados Unidos. Quizás aún más preocupante, estamos asistiendo a una rápida pérdida de libertades personales y represalias contra los que confrontan el mal en nuestros días.

En la Biblia, cuando la nación se hallaba al borde de la destrucción, e incluso de la aniquilación, Dios tenía una solución simple y humilde. En los tiempos más oscuros y desesperados, usó a familias justas para traer liberación y salvación a la nación.

En el periodo más depravado de la historia humana, en los días de Noé, Dios usó a una familia para resistir la maldad de su tiempo y construir el arca. Recuerde también las historias de Miriam, Aarón y Moisés; Ester y Mardoqueo; y José, María y Jesús. En esos tiempos de crisis nacional, Dios usó a las familias para traer liberación.

Y Él no solo usa familias biológicas, sino también espirituales. En la Biblia, cuatro jóvenes cautivos en Babilonia habían perdido a sus familiares y toda esperanza de una familia futura. Fueron deportados de su tierra natal y cruelmente convertidos en eunucos, privándoseles de la posibilidad de casarse o tener hijos. Perdieron a sus familias naturales, pero se encontraron y formaron un vínculo de pacto en tierra extranjera que impactó al imperio más grande de su tiempo, a través del poder de la oración conjunta y la acción audaz y valiente. Unidos como *ekklesia* en un entorno hostil, las vidas santas y las oraciones llenas de fe de Daniel, Sadrac, Mesac y Abed-nego cambiaron la historia.

No importa qué tan mal estén las cosas, la familia nucleare, y los intercesores de pacto de la familia de Dios, ¡pueden marcar la diferencia y cambiar el rumbo de una nación!

¿Cómo Usa Dios A La Familia En Tiempos De Crisis?

Noé y su familia oyeron la voz de Dios y recibieron instrucciones para poder escapar antes de que ocurriera un evento catastrófico. Ester también escuchó a Dios, quien le habló a través de su primo y guardián, Mardoqueo. Arriesgando su propia vida, preparó a su pueblo ante lo que parecía una destrucción segura. Ella los llamó a la oración, al ayuno y a buscar al Señor para Su liberación. Él respondió y los salvó.

También se han visto familias en los tiempos modernos —que buscaban a Dios en familia en el altar de oración y adoración— y asumieron un papel dramático en días inciertos. En el siglo XIX, familias de esclavos, en el sur de Estados Unidos, se reunían por la noche para orar juntos, recurriendo a ollas negras que usaban para cocinar y lavar la ropa para amortiguar el sonido de su voz. Las invertían en el piso del granero, las sostenían con piedras y las elevaban unos cuantos centímetros del suelo. Luego, postrados o arrodillados en el suelo, oraban emitiendo un susurro debajo de ellas. Sus crueles amos les habían prohibido reunirse y orar, temiendo que la oración les diera esperanza y los inspirara a huir. Pero esas personas esclavizadas perseveraban y no permitían que las amenazas de castigo, e incluso de muerte, les disuadieran sus plegarias. No se atrevían a orar por su propia libertad; no tenían esperanza de que alguna vez fueran libres. En cambio, arriesgaban sus vidas para orar por la libertad de la próxima generación: sus hijos y nietos.[1]

Durante el mismo período de tiempo, las familias cuáqueras estadounidenses jugaron un papel muy importante en la formación de un pasadizo subterráneo para ayudar a los esclavos a huir hacia la libertad. Algunos dedicaron todas sus fuerzas a este empeño, creando una red de caminos secretos y hogares refugio, o «estaciones», por los que los esclavos negros que escaparan del sur podrían acceder a los estados libres del norte y Canadá.[2] Muchos historiadores cristianos creen que las oraciones de un remanente justo de afroamericanos y abolicionistas cristianos blancos dio a luz un avivamiento en los Estados Unidos y provocó la desaparición de la esclavitud.

Durante la Segunda Guerra Mundial en Europa, las familias cristianas que oraban, apoyaron el movimiento de resistencia contra los nazis. Una de esas familias fue la de Casper ten Boom, en los Países Bajos, propietario de un taller de reparación y relojería en Haarlem. Su hija, Corrie, llegó a ser la primera relojera titulada del país a los 32 años.

La lectura de la Biblia, la oración y el culto a Dios formaban parte habitual de su vida familiar. Su fe les impulsó a comprometerse con sus vecinos de manera más profunda, no se limitaron a arreglar relojes. A los 83 años, Casper ten Boom y sus dos hijas, Corrie, quien llega a los 50 años, y Betsie, de 57, transformaron su hogar en un escondite. Ayudaron a establecer un movimiento de resistencia de 80 personas que logró salvar a más de 800 judíos de ingresar en campos de concentración y de una muerte segura durante la ocupación nazi.

Corrie, su hermana Betsie y su familia eran miembros de la Iglesia Reformada Holandesa, que denunció la persecución nazi de los judíos como injusticia para los demás seres humanos y una ofensa despiadada a Dios. Movida por una intensa oración y gran fe en Dios, la familia ten Boom no solo acogióa judíos, sino que animó a otros cristianos a abrir sus casas y esconder familias hebreas. Corrie, Betsie y su padre fueron finalmente capturados y encarcelados en campos de concentración donde la hermana y el padre de Corrie perdieron la vida.

Además del impacto inmediato en las personas que salvaron, la fe y el legado de la familia ten Boom han inspirado a millones de personas en todo el mundo a través de la lectura del famoso libro *El refugio secreto,* de Corrie, y de una película que lleva el mismo título. Después de la Segunda Guerra Mundial, Corrie viajó exhaustivamente, y compartió la historia del gran amor de Dios y el regreso del pueblo judío a la tierra de Israel.[3]

¿Qué fue lo que le dio a esos héroes bíblicos y familias el coraje y la fuerza que necesitaban para hacer frente al mal en su tiempo? ¿Cómo o dónde obtuvieron su estrategia? ¿Qué podemos aprender de ellos para afrontar las crisis de nuestros tiempos inciertos?

El Poder Del Altar Familiar

Ninguna de las familias antes mencionadas tenía, probablemente, idea de que iban a ser usadas por Dios para salvar a la nación y, mucho menos, al mundo. Simplemente, buscaron a Dios unidas, le escucharon y le sirvieron fiel y valientemente en su esfera de influencia. La Biblia dice de David que murió *«después de haber servido a los propósitos de Dios en su propia generación»* (Hechos 13:36, NVI). ¡Ojalá que las familias actuales cumplieran el destino que Dios les ha asignado en esta generación! ¡Es lo que el mundo necesita hoy! Mientras escribo este libro, mi nación, los

Estados Unidos, y otras naciones, experimentan una «gran sacudida». La violencia está aumentando dramáticamente en todo el país. En varios países del mundo se producen tumultos contra la extralimitación de los gobiernos. Los economistas nos avisan de la escasez generalizada de gas, alimentos y cadenas de suministro. La amenaza china y rusa de desatar la Tercera Guerra Mundial se cierne sobre el horizonte. En medio de todo esto, el mundo se está recuperando de una pandemia devastadora que mató a millones de personas.

No importa en qué año lea este libro, o en qué país viva, es probable que tenga que hacer frente a crisis similares.

Jesús dijo a sus discípulos que debían mantenerse vigilantes en el tiempo en que les había tocado vivir. Les contestó: «*Al atardecer, decís que hará buen tiempo porque el cielo está rojizo, y por la mañana, que habrá tempestad porque el cielo está nublado y amenazante. Sabéis discernir el aspecto del cielo, pero no así las señales de los tiempos*» (Mateo 16:2-3, NVI).

Entonces y ahora, Jesús comunica urgencia al corazón de Sus discípulos, para mantenerse alerta, y ser como los «varones de Isacar», en el Antiguo Testamento, «que entendieron los tiempos» (véase 1 Cró. 12:32). Isacar era una tribu de familias que vivían en la nación de Israel.

Esas familias fueron dotadas por Dios para reconocer lo que Él estaba haciendo y supieron cómo responder. Sabían *cuándo* y *cómo* pelear. Conocían el plan de Dios.

Hay un tema común en las historias que acaba de leer: unidos, en familia, oyeron la voz de Dios, discernieron Su plan y dieron un paso de fe, con valor, para seguir la tarea que Él les había encomendado.

Mientras pasamos tiempo intencional con el Señor, como familia, —orando, adorando, leyendo y meditando en Su Palabra— podemos escuchar la voz de Dios y discernir Su plan. En el altar familiar, la familia puede descubrir las tareas que Dios le ha asignado y recibir poder de Su Espíritu para salir confiados a hacer lo que Él nos pide, aunque sea difícil y peligroso. Él nos ayudará.

Recuerde que la familia ten Boom solía reunirse regularmente y mantener la devoción familiar, que incluía la oración coordinada y la adoración conjunta. Estaban íntimamente conectados con el Señor en tiempos extraordinarios ante el altar familiar. Lo cual nos da pie a suponer que recibían revelación, dirección, valor y fuerza sustentadora para cumplir con su misión. En los tiempos de oración familiar aprendieron a aceptar las tareas más pequeñas que abrazaron obedientemente. Debido a su fiel adhesión al Señor, estuvieron preparados para actuar con rapidez y decisión en medio de una crisis. Tomaron partido con el Señor y fueron usados poderosamente para Su Reino.

¿Está Su Familia Preparada Para Ser Usada Por Dios?

¿Cómo puede ser esto para la familia cristiana del siglo XXI? ¿Hay acaso una posibilidad real de reservar tiempo como familia para buscar unidos el rostro de Dios en un mundo caótico y acelerado? ¡Al fin y al cabo, se nos informa, y es fácilmente observable, que vivimos en la generación más distraída y desconectada que jamás haya existido sobre el planeta!

¿Podemos «estar quietos» el tiempo suficiente para esperar en Su presencia, para llenarnos y refrescarnos, para escuchar Su sabiduría, tomar decisiones y superar las crisis que atravesamos? ¿Estamos dispuestos a ser usados por Él cuando nos llama? (véase Salmo 46:10).

Dondequiera que arda un «altar» familiar, donde los miembros de una familia disponen su corazón para orar, adorar y buscar a Dios juntamente, el hogar irradia una luz que extingue las tinieblas de la depravación o la escasez cultural. *«La luz brilla en la oscuridad, y la oscuridad jamás podrá apagarla»* (Juan 1:5, NTV). En tiempos de crisis, el fuego de Dios en el altar de oración se derramará desde nuestros hogares hacia la comunidad que nos rodea.

Cuando mi buena amiga Arlyn y su familia se mudaron a una casa nueva en una zona rural, no tenían idea de la oscuridad espiritual que iban a encontrar. Esperaban conocer a quienes pensaban serían nuevos vecinos amistosos, pero descubrieron que el nuevo vecindario estaba plagado de abuso de alcohol y drogas, delincuencia y violencia doméstica. A veces veían drogadictos por la calle con repuestos de automóviles que intercambiaban por drogas. Doug y Arlyn comenzaron a pensar que habían cometido un grave error al mudarse al vecindario y se preguntaron si debían marcharse. Decidieron, no obstante, asumirlo como una cuestión de oración. En lugar de alejarse, el Señor guió a Doug y Arlyn y sus cinco hijos pequeños, a orar unidos por sus vecinos y su vecindario. Para asegurarse de no dejar fuera a nadie, dibujaron un mapa de las calles cercanas a su casa, y etiquetaron las casas con la escasa información que tenían de sus vecinos: nombres, observaciones, impresiones, etc. La familia comenzó a hacer caminatas regulares de oración por su vecindario. Cuando pasaban delante de una casa, se fijaban en posibles pistas indicativas de las necesidades de la familia que vivía en ella para saber cómo orar.

Con frecuencia, sentían de parte del Espíritu Santo detenerse frente a una casa con aspecto deteriorado al notar su profunda necesidad, y oraban.

Un día acudió la policía con luces parpadeantes y megáfono a todo volumen. Doug y Arlyn se enteraron de que el hombre de la casa, el novio que residía allí, había sido arrestado, acusado de violencia doméstica. Doug, Arlyn y sus hijos oraron fervientemente por ese hogar para que Dios hiciera un milagro y trajera salvación y sanidad.

No mucho después, esa misma familia se presentó inesperadamente en la iglesia de Doug y Arlyn. La mujer confesó: «Nuestra vida es un desastre y necesitamos ayuda. Cuando yo era pequeña, se acercaba un autobús a nuestro barrio de casas móviles para recogerme y llevarme a la escuela dominical, esta era la iglesia a la que me traía. No sabía a qué otro sitio ir».

Doug y Arlyn se hicieron amigos de la pareja y la guiaron al Señor. Después de aceptar a Cristo, la pareja se casó y el hombre quedó libre de una larga adicción a las drogas y alcohol. Otros vecinos, al observar la transformación de la pareja, también entregaron su vida a Cristo. El esposo también fue liberado de su adicción a las drogas. Los nuevos creyentes se sumaron a la comunidad de la iglesia de Doug y Arlyn y al estudio bíblico de un grupo pequeño que se reunía semanalmente en su casa. Las dos parejas también se incorporaron a las caminatas de oración.

Mientras continuaban caminando y orando por su vecindario, el búnker (que también controlaba una red de sustracción de automóviles) cerró, fue demolido y se construyó una hermosa casa en su lugar.

La casa contigua, abandonada, fue vendida a una familia misionera que se mudó allí y contribuyó a cambiar el ambiente del vecindario.

El pequeño grupo que se reunía en la casa de Doug y Arlyn siguió creciendo. Asistían dos ayudantes del sheriff, uno era jefe del equipo SWAT y el otro jefe de la brigada de narcóticos. Al mismo tiempo, los nuevos creyentes se esforzaban por superar sus adicciones y estilo de vida anterior. Se reunían para orar y adorar al Señor unidos; ¡era un grupo diverso, cuando menos! «Todos experimentamos un mini avivamiento que cambió el curso y la dirección de varias familias y de nuestro vecindario», dijo Arlyn.[4] Y todo porque una familia edificó un «altar» familiar y oró. (Consulte «Oren por su vecindario», en el Apéndice, para obtener más orientación sobre cómo hacer una caminata de oración en su propio vecindario).

Así pues, volviendo a mi anterior pregunta: ¿Están nuestras familias preparadas para ser usadas por Dios cuando Él nos llame? Yo sugiero:

- No estaremos preparados si no hemos estado en la presencia del Señor.

- No estaremos preparados si no hemos afinado nuestro oído para oír Su voz.

- No estaremos preparados si estamos acostumbrados a afrontar las cosas con nuestra mente natural.

- No estaremos preparados si actuamos únicamente con nuestras propias fuerzas.

- No estaremos preparados si tomamos decisiones sin consultar a Dios.

- No estaremos preparados si nos mantenemos aislados, somos autosuficientes y obstinados.

Para ser realistas, creo que estaremos de acuerdo en que muchos, si no la mayoría de nosotros, lamentablemente, no estamos preparados para afrontar tiempos difíciles o inciertos, tanto para los desafíos como para las oportunidades que se nos presentan, para marcar la diferencia en nuestro mundo y familia. Muchos hemos pensado en cómo prepararnos para las tormentas. Hemos visto y sentido el sufrimiento de mujeres, hombres, niños, débiles y ancianos, atrapados en huracanes, tsunamis y sequías. Pero la mayoría de nosotros, particularmente en el mundo occidental, nunca hemos pensado en prepararnos —práctica o espiritualmente— ante la posibilidad de que sobrevengan tiempos difíciles, tormentas o problemas de otro tipo. Quién sabe si algún día nosotros también tendremos que pasar por las dificultades que muchos en otras partes del mundo han tenido que soportar, como dificultades económicas, persecución política o religiosa, o incluso guerras. Para la familia ten Boom, que vivía en Holanda en 1942, la deportación nazi de judíos les planteó un gran desafío y ellos trataron de satisfacer las necesidades de sus amigos y vecinos. Sin embargo, ese no fue un período puntual para ellos. Sus vidas se caracterizaban por ministrar a los necesitados durante años. En los tiempos difíciles que siguieron a la Primera Guerra Mundial, los ten Boom hab ían comenzado a ocupar las habitaciones vacías de su hogar con niños refugiados, huérfanos e hijos de misioneros como parte de su estilo de vida ante el altar familiar, que incluía oración, adoración y servicio a su comunidad.[5]

Si bien la valiente decisión de la familia ten Boom de esconder judíos en su hogar fue significativa, no fue sino el paso lógico de un patrón de vida caracterizado por priorizar el altar familiar de oración, adoración y servicio a los necesitados de su entorno.

Activación: Póngale Pies a Sus Oraciones

1. Converse con su familia acerca de las causas que apasionan a cada uno de ellos. Pida a cada miembro de la familia que comparta lo que más le preocupa. Pueden sentir preocupación por niños que no tienen familia, vecinos lastimados o amigos de la escuela. Si tiene niños pequeños que comparten algo que pueda parecer trivial, trate de no tomarlo a la ligera. El hecho de que se comprometan con la familia en ese momento es muy importante. Anote las preocupaciones de todos. (Consulte «Oren por el futuro y el llamado

de su familia», en la Guía de oración en familia para 10 días, en el Apéndice, para obtener más orientación).

2. Ore y pregunte al Señor si hay algo que está pidiendo a su familia hacer con respecto al problema. Comprométase a hacer lo que el Señor le pida.

3. Escriba lo que escucha que el Señor le dice y revíselo la próxima vez que su familia se reúna para comer o para orar.

OREMOS

Señor, como vimos en los días iniciales de esta nación, y por todo el mundo, te rogamos que las familias, incluida la nuestra, recuperen la oración diaria, la adoración, la lectura de la Biblia y el compartir historias de tu fidelidad. Te pedimos que nos ayudes a priorizar el buscarte unidos, como familia, y permitir que Tu Espíritu nos acerque más a Ti y a los demás. Llénanos de Tu Espíritu y danos la fuerza y el coraje que necesitamos para ser Tus agentes de paz que actúan en tiempos de crisis e incertidumbre en esta nación y en el mundo. Declaramos, en el nombre de Jesús, que nuestra familia será una ciudad asentada en una colina, un santuario de la luz y el amor de Dios dondequiera que nos plante o nos envíe. Declaramos el brillo de Tu luz en nosotros para que el mundo Te vea y Te dé gloria (Mateo 5:14-16). Amén.

Segunda Parte

Busque Al Señor A Solas Y Con Otros

Capítulo 5

Cómo Pasar Tiempo A Solas Con Dios: Apártese A Un Lugar Para Encontrarse Con Él

Por encima de todas las cosas, cuida tu corazón;
porque de él mana la vida (Prov. 4:23, NVI).

Cuando hablamos de «altar», nos referimos al lugar que edificamos para conectar con el Señor. En realidad, el altar familiar comienza aquí, con nosotros, con nuestra relación íntima con nuestro Padre Celestial. Esta conexión relacional comienza en nuestra propia vida antes de traducirse en algo memorable o duradero para el resto de la familia.

En Washington, DC, nuestros amigos Jon y Jolene Hamill lideran un próspero ministerio enfocado en el cambio espiritual de la nación. Jon comparte una historia que ilustra cómo el progreso de una familia comienza primeramente en el propio corazón, en el altar de la oración personal:

> El día de Navidad de 2015 por la mañana, mi hijo Jonathan llamó a la puerta de nuestro dormitorio. Mi primer pensamiento fue el recuerdo de su infancia, cuando un golpeteo ansioso significaba que nuestros hijos ya no podían esperar más para abrir sus regalos. Pero Jonathan ya era un adulto. Y se hizo evidente que tenía cosas mucho más importantes en qué pensar.
>
> La conversación fue más o menos así: —Papá, quería que fueras el primero en saberlo. ¡Volví a casa anoche! Bueno, en realidad, esta mañana.
>
> —¿Volviste a casa?
>
> —Sí. ¡A Jesús! Papá, tuve un encuentro
>
> Resultó que la mañana de Navidad temprano, el Señor Jesucristo se le apareció, literalmente, a nuestro hijo en una visión. Con manos extendidas y brazos abiertos, el Hijo de Dios obligó a nuestro hijo a «¡volver a casa!» Por supuesto, Jonathan respondió que sí. Se comprometió con Cristo en ese mismo instante, y hoy día permanece firme en el Señor.
>
> Exactamente un año antes, el día de Navidad de 2014, mi esposa Jolene y yo sentimos que Dios nos movía a comprometernos a un año de oración por nuestro hijo e hija. Honestamente, habíamos dedicado nuestros esfuerzos ministeriales a propiciar un cambio nacional. Pero el día de Navidad de 2014, el Señor me habló al

corazón de que antes de unirnos legítimamente con Él para lograr un cambio en la nación, debíamos enfocarnos en hacer cambios en nuestra propia familia.

Así nació «Martes de muda», nuestro día semanal de oración por nuestros hijos que no caminaban con el Señor.

Como antecedente, Jonathan se había apartado del Señor mientras asistía a una universidad «cristiana» sin denominación, en el noreste. Los profesores le introdujeron a escuelas de filosofía que negaban por completo su fe, lo cual era una locura porque, desde su juventud, Jonathan había mantenido una relación increíblemente cercana con el Señor. Fue a la universidad literalmente encendido.

Los estudiantes universitarios le introdujeron al fuego extraño, especialmente a las drogas. Al graduarse, se había desvinculado por completo de la fe en Jesús, y tomado un oscuro camino espiritual durante varios años.

Cuando el Señor me habló por primera vez del Martes de muda, me dio un pasaje de las Escrituras con el que estaba tan familiarizado que podía recitar en sueños. Pero debido al dolor que sentía por la situación de nuestros hijos, el amor que resuena a través de este mensaje estaba lejos de mi propio corazón. Dios me estaba desafiando a participar de una manera que no quería, o incluso sentía que no podía: volver a ser vulnerable ante mis hijos. «*Él hará volver el corazón de los padres hacia los hijos, y el corazón de los hijos hacia los padres, no sea que yo venga y hiera la tierra con maldición»* (Mal. 4:6).

¿Orar por nuestros hijos? Pensé que era cuestión de un cambio para ellos. Pero al leer este versículo, de pronto me di cuenta de que el primer «altar familiar» que Dios quería restaurar era el de mi corazón. Él quería volver mi corazón hacia mis hijos e hijas, perdón genuino, y abrir mi corazón para amar de nuevo de verdad. La oración fluye fácilmente cuando esto sucede.

La buena noticia es que Él está disponible para ayudarnos en el proceso. Nos inunda con un amor que trasciende aun el dolor y las desilusiones familiares. Él nos ayuda a orar... ¡y empezamos a ver Su cambio!

Esta historia abarca todas las piedras necesarias del altar familiar: comenzó con el altar personal de Jon, pasó a su altar matrimonial y luego al altar familiar cuando otros miembros de la familia se incorporaron al Martes de muda. Finalmente, alcanzó a la familia extensa a medida que avanzaba por doquier y comenzaba a tocar y transformar familias en todas partes.

El Altar Señala Los Encuentros

A medida que edifica y mantiene su propio altar personal de encuentro con Dios, comenzará a vivir inmerso en un sentido continuo de la presencia tangible de Dios. Este es el lugar de encuentro especial donde adorará, orará y escuchará la Palabra viva de Dios. Disfrutará del placer de conocer a Dios íntimamente. En ese intercambio relacional, como el que experimentó Jon Hamill, su corazón se volverá tierno y más vulnerable, dócil y rendido a Su Espíritu Santo. Descubrirá cómo seguirle mejor, confiar en Él y permitir que Su vida fluya a través de usted. Esta comunión compartida por Cristo Jesús es la piedra angular del altar familiar.

Una transacción extraordinaria y potente ocurre cuando uno aparta un tiempo regular para reunirse personalmente con Dios, cara a cara.

En tal escenario, sin prisas, puede enfocar su corazón para adorar al Señor, centrarse en Su bondad, misericordia y fidelidad. A medida que se aparta de las exigencias de la vida y se centra en Jesús, puede escuchar al Espíritu Santo más claramente y recibir dirección y paz.

Jesús enseñó a Sus discípulos la importancia de «permanecer en la vid», en Juan 15. Les reveló cómo experimentar comunión y cercanía con Él, un lugar profundo para hallar descanso, paz, seguridad, vida y fortaleza. En tal permanencia, todos los demás amores aparte de Él se desvanecen. Todos los «ídolos», cosas en nuestra vida aparte de Él, en las que buscamos identidad, seguridad o consuelo, son desechados. Uno regresa apasionadamente al «hogar», permanece en la Vid, en el lugar del primer amor (véase Efesios 3:15-20).

En ese lugar Su fuego inextinguible encenderá la llama del avivamiento en su propio corazón y de ahí se extenderá a los que le rodean.

Cómo Edificar Su Altar Personal

En los tiempos modernos, no tenemos altares físicos hechos de piedra, como los de Abraham y los que se construían en el Antiguo Testamento. Pero en el Nuevo Testamento, el apóstol Pedro dice que nosotros somos, en cuanto individuos, «*como piedras vivas... para ofrecer sacrificios espirituales aceptables a Dios por medio de Jesucristo*» (1 Pedro 2:5).

Un altar personal no es necesariamente un lugar físico. Nosotros somos el altar. Nosotros somos las piedras vivas. El altar que queremos mantener ardiendo para Dios es nuestro corazón. Este es el lugar donde nos volcamos, entregamos y rendimos a Él. Hay una llama eterna que arde en nuestro corazón que nos despierta a Su presencia y propósito.

¿Dónde le gustaría ir para encontrarse con Dios (personalmente o como familia)? Puede disponer de un lugar que le gusta, donde se respira una atmósfera de paz y seguridad, un lugar acogedor donde encontrarse con Dios, adorarle y disfrutar de Su presencia. Tal vez sea una silla, cerca de una ventanadonde contemplar el amanecer, un banco en un jardín de flores donde admirar la belleza de la naturaleza, o simplemente, sentado a la mesa de la cocina con una taza de café. Pero tenga siempre en cuenta que el lugar principal es el altar de su corazón. La ubicación física es secundaria. El objetivo es descubrir ese lugar tranquilo donde estar en comunión con Él, escuchar Su suave susurro y salir transformado (véase 1 Reyes 19:12).

Intimidad Con El Padre Y La Escucha De Su Voz

Oír la voz de Dios es esencial para nutrir una relación con Él. Hoy todos necesitamos discernir la dirección del Padre más que nunca. Una de las funciones del Espíritu Santo es que Él nos mostrará las cosas por venir (véase Juan 16:13). Esto no es solo vivificante; ¡puede salvar vidas!

Una mañana temprano, un pastor que vivía en las colinas de Colorado se despertó y oyó al Señor decirle: «¡Toma a tu familia y sal de la ciudad *ahora*!» Sabía que le estaba hablando el Espíritu de Dios, así que le hizo caso. Un par de horas después de juntar a su familia y alejarse de su casa, una inundación repentina descendió por un cañón y asoló toda la zona. La inundación arrasó su casa y el terreno en el que se asentaba. El pastor y su familia se salvaron porque él escuchó la voz de Dios y obedeció. Quizás se pregunte cómo supo ese pastor que Dios le estaba hablando. Jesús nos dice en Juan 10:4 que «*sus ovejas lo siguen porque conocen su voz*» (NVI). Podemos reconocer fácilmente la voz de nuestros amigos y familiares porque los conocemos, ¡lo mismo es cierto con respecto a Dios! Su voz es tan única y reconocible como la de cualquier otra persona. Cabe preguntarse pues, ¿qué tan bien le conozco y escucho Su voz? ¡Cuanto más tiempo pase con Él, más fácilmente le reconocerá cuando le hable!

La mayoría de las veces Dios me habla por Su Espíritu a través de Su Palabra, la Biblia (véase 2 Tim. 3:16-17). Debido a que Dios es el mismo ayer, hoy y siempre, Su Palabra es aplicable a cualquier situación actual como lo fue hace siglos (véase Heb. 13:8). Incluso si Dios no le habla directamente por las Escrituras, si conoce la Biblia, puede reconocer cuál *es* y *no es* la voluntad de Dios para usted (véase Prov. 3:5-6). La voz de Dios nunca contradice Su Palabra (véase Salmo 119:105; Juan 1:1).

También he aprendido a estar atenta a las diferentes formas en que Dios nos habla. A veces Dios habla a través de otras personas, como cuando nos dan un sabio consejo. Él puede darle un sueño, una imagen mental, una canción oportuna o un sentimiento de paz (o de inquietud) cuando ora por una situación. La Palabra de Dios nos asegura que la paz de Dios actuará como árbitro en nuestro corazón, nos iluminará con una «luz verde» o con una «luz roja» (véase Col. 3:15).

Pasar Del Miedo A La Fe

El caos actual en el mundo y los desafíos que sobrevienen en nuestra vida personal y familiar pueden provocar miedo y ansiedad. No obstante, el Señor ha preparado un camino para que vivamos libres de temor (véase Juan 14:27). Hallamos la paz de Dios en Su presencia, y Su Palabra es un ancla en medio de las tormentas de la vida. He comprobado que si mi tiempo con el Señor se desvaneciera, sería presa del miedo y la preocupación.

En el altar —del tiempo que pasamos con Dios—, tenemos la oportunidad de entregarle lo que nos angustia y recibir Su paz a cambio, la *«paz de Dios, que sobrepasa todo entendimiento, guardará vuestros corazones y vuestros pensamientos en Cristo Jesús»* (Fil. 4:6-7). Al meditar en las promesas de Dios, Su Palabra nos da confianza y seguridad (véase Isa. 54:13-14). La fe viene por el oír y el oír por la Palabra de Dios (véase Rom. 10:17). (Consulte «Ore por las promesas de Dios», en el Apéndice, para obtener más orientación).

Cuando leo y oro la Palabra de Dios me fortalezco en la fe. Su Palabra es viva, más cortante que una espada de doble filo (véase Heb. 4:12). A veces escribo pasajes de Escritura en fichas o notas y las coloco en lugares bien visibles para recordar su verdad, tal vez en el salpicadero de mi auto, o en el refrigerador, versículos como:

> *¿No te he mandado que te esfuerces y seas valiente? No temas ni desmayes, porque el SEÑOR tu Dios estará contigo dondequiera que vayas* (Josué 1:9, RVA-2015).

> *Porque yo sé muy bien los planes que tengo para vosotros —afirma el SEÑOR—, planes de bienestar y no de calamidad, a fin de daros un futuro y una esperanza* (Jer. 29:11, NVI).

Orar y meditar en las Escrituras nos ayuda a apartar la vista del tamaño de nuestros problemas y centrarnos en la grandeza de Dios. Cuando Jesús enseñó a Sus discípulos a orar, ¿recuerda cómo comenzó? «*Padre nuestro*». Empezó con Dios, no con el problema. Obtenemos la perspectiva adecuada mirando los problemas a través del lente del poder y la fuerza de Dios. (Para obtener más orientación, consulte «Oración basada en textos bíblicos», en la Guía de 10 días de oración familiar, en el Apéndice).

Sus Hijos Le Están Observando

Establecer un tiempo personal de oración con Dios es colocar la primera piedra en su altar matrimonial y familiar. Se dé cuenta o no, ¡está siendo observado! Su ejemplo es un testimonio para su cónyuge e hijos. Está demostrando cómo es una estrecha relación con el Señor.

Descubrí esto por casualidad cuando nuestra hija Nicole estaba en preescolar. Por esa época, mi vida era muy agitada: tenía que criarla y trabajar a tiempo completo en el ministerio. Con una obra en expansión cuya sede estaba en nuestra casa, a menudo sentía que mi vida personal y familiar era invadida. Teníamos la fotocopiadora en el dormitorio conyugal y la mesa de la cocina me servía de escritorio. Consumía mi tiempo sirviendo como asistente personal de mi esposo, desarrollando mi ministerio de enseñanza, tratando de mantener nuestro hogar limpio y organizado, y cuidando a una niña de tres años.

Parecía que el único tiempo que tenía para estar a solas con el Señor era por la mañana, temprano. A menudo me despertaba a las 4:00 de la madrugada, me levantaba y andaba de puntillas por el pasillo, pasaba delante de la habitación de Nicole hasta el sofá del salón para orar, mientras contemplaba por la ventana el tranquilo cielo nocturno. No importa que anduviera sigilosa al pasar por la puerta de Nicole, por lo general, solo era cuestión de minutos hasta oír el repiqueteo de sus piececitos, y ver aparecer su silueta con una almohada y arrastrando una manta.

—¿Qué estás haciendo, mami? —me preguntaba.

—¡Estoy orando, cariño! Es el momento de mamá para hablar con Dios.

Al principio traté de obligarla a volver a la cama. En esa etapa de mi vida no me daba cuenta de que estaba a punto de perder una excelente oportunidad de invitar a Nicole a mi «cuarto de oración», para mostrarle mi amor por Dios y modelar una vida de oración. Cuando me di cuenta de que estaba gastando el tiempo tratando de hacerle volver a la cama, comencé a invitar a Nicole a sentarse en silencio conmigo. Envuelta en una cálida manta, se acurrucaba a mi lado y me escuchaba susurrar oraciones a Dios. A veces se dormía a mi lado. La mayoría de las veces, el primer destello del sol matutino nos sorprendía sentadas, juntas en la presencia del Señor.

Por otro lado, Hal solía dar largos paseos de oración por las noches. Nicole todavía recuerda cómo disfrutaba cabalgando sobre los hombros de su papá paseando por el vecindario mientras abría su corazón a Dios.[1]

Muchas veces he oído decir que la oración se «contagia» más que lo que se «enseña». Si esto es cierto, dar la bienvenida a los niños a su tiempo de oración personal, o al menos permitir que le observen de vez en cuando, es una de las mejores maneras de transmitir un legado de oración a la próxima generación.

En su libro *Enseñando a los niños a orar*, Keith Wooden dice: «Un 'cuarto de oración' abierto a la intrusión de los niños puede ser la mejor oportunidad que tiene para demostrar su amor y reverencia a Dios. Invítelos a su Lugar Santísimo para saborear la presencia del Señor con usted».[2] Debemos permitir que nuestros hijos nos vean y nos oigan orar. Los niños necesitan saber que Dios vive en su hogar y que está disponible para ellos.

Puede que oremos mucho tiempo, pero si nuestros hijos nunca nos ven orar, ello puede dificultar su proceso de aprendizaje. Los niños siempre nos están observando, y nuestros actos a menudo causan un efecto profundo en sus vidas, incluso, más que las palabras que decimos.

Consejos Para Su Tiempo De Oración

Toda relación necesita tiempo para crecer y profundizar. La relación de un cristiano con Dios no es diferente. Hace falta pasar tiempo con Dios para conocerle mejor, oír de su corazón y fomentar la intimidad con él.

Jesús nos dio el ejemplo. Solía salir a solas a pasar tiempo con Su Padre Celestial. La mayoría de nosotros deseamos fomentar esta relación, pero a veces no sabemos cómo hacerlo. El estilo de vida ajetreado que se vive hoy hace que el tiempo regular con Dios resulte un desafío, pero se puede lograr con planificación y compromiso.

Una vez que haya decidido pasar tiempo con Dios regularmente, ¿qué viene después? ¿Cómo se hace? ¿Cómo podemos aprovechar al máximo el tiempo que tenemos para pasar con Dios? Aquí hay algunos consejos para ayudarle a apartar un tiempo intencional y significativo con el Señor:

- Fije un lugar y hora común: si sabe cuándo y dónde se reunirá con Dios todos los días, es mucho más probable que lo haga. Inclúyalo en su agenda diaria. Si es nuevo para usted, comience con algo pequeño, comprométase y Dios lo hará crecer.

- Organice su caja de «herramientas»: Reúna sus herramientas (Biblia, plan de lectura, diario, bolígrafo, etc.) y manténgalas a mano en el lugar designado para estar siempre preparado. He descubierto que un plan de lectura aumenta drásticamente la posibilidad de permanecer en la Palabra con regularidad. Sin un plan, la lectura se vuelve esporádica, en el mejor de los casos.

- Minimice las distracciones: aunque no es posible eliminarlas todas, puede tomar medidas que le ayuden a mantenerse concentrado. El correo electrónico y las redes sociales son mis mayores distracciones. Tuve que decidir no abrir mi ordenador portátil hasta después de mi tiempo de quietud. ¿Qué es lo que más reclama su atención?

- Comience con oración: pida a Dios que le hable y le dé una nueva revelación de Su Palabra. Dele gracias por estar tangiblemente presente.

- Empiece a leer la Biblia: Recuerde que su propósito es comunicarse con Dios. La Biblia es la forma principal en que Dios nos habla. Tómese tiempo; no lea apresuradamente solo para concluir el pasaje. Deténgase, deje que Dios le hable.

- Medite en el pasaje: La meditación no es vaciar la mente; es pensar profundamente en las verdades espirituales. Al leer, deténgase en los versículos que le impacten. Haga preguntas a Dios y «escuche» sus respuestas.

- Ore mientras lee: El tiempo con Dios debe ser interactivo. Responda a Dios cuando Él le hable a través de Su Palabra. Al leer y orar entabla una conversación con Dios. A menudo me detengo y elevo en oración las Escrituras que acabo de leer. Oro regularmente a través del libro de Proverbios.

- Diario: Lea con bolígrafo en mano. Anote lo que Dios le diga y cómo va a responder. Escribir puede ayudarle a mantenerse enfocado en Dios y Su voz. También puede leer sus pensamientos más adelante para recordar algo que Dios le enseñó, una oración contestada, un momento en que sintió Su presencia, etc.

- Memorice: Comprométase a memorizar los versículos con que Dios le llama su atención. Conocer las Escrituras de memoria sirve de ayuda para protegernos del pecado, nos recuerda las promesas de Dios, nos brinda orientación y nos permite meditar en la Palabra de Dios en cualquier lugar y en cualquier momento.

- Vívala: Cumpla lo que Dios le dice a través de Su Palabra en oración. Puede ser arrepentimiento. Puede ser un cambio de comportamiento. Puede ser una acción específica que debe emprender.

Activación: Establezca Su Altar De Oración Personal

1. Busque un lugar cómodo donde pueda estar completamente tranquilo y sin distracciones durante al menos 15 minutos. Puede elegir un lugar al aire libre o desde donde pueda mirar por la ventana.

2. Comience por desconectarse del resto del mundo y dé la bienvenida a la presencia de Dios. Por supuesto, Él siempre está presente en todas partes y en todo momento, ¡pero le gusta ser bien recibido! Pídale que le llene de Su Espíritu y le hable a través de Su Palabra. Si puede estar al aire libre, alabe a Dios por el hermoso regalo de la creación u ore por el vecino de al lado. En este momento, no necesita preocuparse, no tiene que cumplir ninguna expectativa; concéntrese en la bondad y la fidelidad de Dios.

3. Abra su Biblia y comience a leer la Palabra de Dios. Si aún no tiene un plan de lectura, puede comenzar leyendo los Salmos todos los días, y dejar que las palabras de los salmistas inspiren sus pensamientos y su conversación con Dios. Están llenos de expresiones sinceras sobre una serie de temas. Puede descubrir que el Espíritu Santo le habla personalmente a través de ellos.

4. 4A continuación, lleve sus necesidades y preocupaciones ante Dios, y dele las gracias por estar ya actuando en tales situaciones. Si se siente desesperado por una situación concreta, trate de acercarse a Dios con gratitud en lugar de quejarse o desesperarse. He descubierto que convertir mis

peticiones en acciones de gracias cambia significativamente la forma en que veo cada situación. Por ejemplo, «Gracias, Señor, que no tengo que preocuparme, porque Tú has dicho que suplirás todas mis necesidades «conforme a Tus riquezas en gloria en Cristo Jesús» (véase Fil. 4:19).

Si ora por la mañana, concluya su tiempo de oración pidiendo al Señor que le guíe a lo largo del día. Si es de noche, agradezca a Dios lo que ha hecho ese día y entréguele el día siguiente. Es interesante que el día hebreo comienza a las 6:00 de la tarde. ¡Es una excelente manera de prepararse, tanto práctica como espiritualmente, para el día siguiente!

Oremos

Padre Celestial, deseo tener una conversación de doble vía contigo, fresca y vivificante, todos los días. Eres mi Mejor Amigo y te elijo para que ocupes el primer lugar en mi vida. Llévame al Lugar Quieto contigo hoy, a las aguas tranquilas que aquietan mi alma. Decido dejar de lado toda distracción y pasar un tiempo significativo contigo en el que pueda escuchar Tu voz y discernir lo que me estás diciendo. Pongo ante Ti cada temor, ansiedad y preocupación, y te pido que me des Tu perspectiva y Tu corazón para afrontar cada circunstancia. Al entregarte estas cosas, lléname de fe, esperanza y expectación ahora y para encarar el futuro. Este día proclamo: ¡Espíritu Santo, ven! ¡Amén!

Capítulo 6

Enriquezca Su Matrimonio Por Medio De La Oración: Más Intimidad, Menos Conflicto

Más valen dos que uno, porque obtienen más fruto de su esfuerzo ¡La cuerda de tres hilos no se rompe fácilmente! (Ecle. 4:9-12, NVI).

Una joven pareja cristiana, al borde del divorcio, concertó una cita con el pastor que los casó. Preguntaron al pastor qué consejo les podía dar para salvar su matrimonio que se estaba desmoronando. El pastor les preguntó si se estaban reuniendo fielmente todos los días para leer la Palabra de Dios y orar. Ellos confesaron que no.

«Vayan a casa, comiencen a hacerlo, y den otra oportunidad a su matrimonio», les dijo. Aunque parecía una tarea imposible, decidieron intentarlo.

Una noche, mientras la pareja oraba y leía la Palabra de Dios, el esposo se topó con 1 Corintios 13:

> *El amor es paciente, es bondadoso. El amor no es envidioso ni jactancioso ni orgulloso. No se comporta con rudeza, no es egoísta, no se enoja fácilmente, no guarda rencor. El amor no se deleita en la maldad, sino que se regocija con la verdad. Todo lo disculpa, todo lo cree, todo lo espera, todo lo soporta.* (1 Corintios 13:4-7, NVI).

Fue golpeado por una profunda convicción.

Se le saltaron las lágrimas, dejó la Biblia, abrazó a su esposa y le suplicó que lo perdonara. Se disculpó por las cosas crueles que le había dicho y hecho. Sin dudarlo, ella lo perdonó. Con lágrimas corriéndole por las mejillas, le pidió que la perdonara por haber dado cabida a la amargura y el resentimiento. La pareja oró y lloró abrazada mientras experimentaban la libertad del perdón y la promesa de Jesús: «*Porque donde están dos o tres congregados en mi nombre, allí estoy yo en medio de ellos*» (Mateo 18:20).[1]

LA PAREJA QUE ORA UNIDA, PERMANECE UNIDA

¿Qué beneficios se obtienen cuando las parejas oran juntas? La familia que ora unida tiene realmente más probabilidades de permanecer unida, como queda tan bellamente ilustrado en el caso anterior. De hecho, un experimento en la Universidad de Virginia descubrió que la oración conduce a la intimidad, ayuda a las parejas a estar unidas y ayuda a poner fin a desacuerdos.[2]

Las parejas que oran disfrutan de efectos inconmensurables e importantes beneficios en su matrimonio, entre los que se incluyen:

1. Permanencia y armonía.

Casi la mitad de todos los matrimonios actuales fracasan. Las parejas que se toman tiempo para orar unidas invocan a su Padre Celestial para pedirle que resuelva sus problemas cotidianos, cosechan sanidad constante, paz y Su presencia en su matrimonio.

2. Unidad

Las parejas casadas deben descubrir cómo engranar sus sueños, deseos, actitudes, supuestos y necesidades con los de su cónyuge. Esto a veces puede ocasionar conflictos. Cuando oran juntos, y piden a Dios dirección y soluciones, Él los une en Su plan perfecto: son atraídos a la unidad con el Señor y uno con el otro.

3. Intimidad emocional

Tal como la belleza de la intimidad física reafirma su unidad, el mismo efecto tiene el orar unidos. Cuando oran en pareja, e incluyen al Espíritu de Dios en la conversación, pueden experimentar una comunión más estrecha con el Señor y entre sí. Pueden aprender mucho uno del otro al compartir sus necesidades y ponerse de acuerdo para recibir respuestas de Dios. Tenga en cuenta este poderoso principio: nos hacemos íntimos *con* quién oramos, *por* quién oramos y *a* quién oramos.

4. Invite a Dios a formar parte de su matrimonio

Para que un matrimonio sea duradero y satisfactorio, deben estar involucrados tres participantes: la esposa, el esposo y el Señor. Eclesiastés 4 dice: «*Mejores son dos que uno; porque tienen mejor paga de su trabajo y cordón de tres dobleces no se rompe pronto*» (Ecle. 4:9-12).

Todos los matrimonios afrontan desafíos porque están formados por personas imperfectas. Pero si se agrega la presencia de un Dios perfecto, se cuenta con posibilidades ilimitadas para acercarse más a lo que Dios quiere para el matrimonio. Cuanto más oren unidos, e inviten al Señor a ser parte de su relación, más perfeccionará Él los defectos y suavizará aquellas áreas ásperas de sus vidas.

5. Relaciones cambiadas

Mi esposo, Hal, y yo somos una prueba viviente de que cualquier relación puede beneficiarse de la oración conjunta y experimentar la sanidad de Dios. Un esposo y una esposa, ciertamente, no pueden cambiarse mutuamente, pero Dios puede cambiar a ambos si le invitan a hacerlo. No importa contra qué luche una pareja, verán que las cosas cambian si persisten en buscar a Dios unidos.

LA HUMILDAD SANA EL CORAZÓN Y CIERRA LA PUERTA AL ENEMIGO

Hace falta humildad para admitir que uno está equivocado y ha lastimado a alguien que ama, pero es el único camino hacia la verdadera reconciliación. Hace años, Hal y yo aprendimos un eficaz modelo que comienza dando ese valiente paso. Después de una discusión o un desacuerdo hiriente, Hal venía, me expresaba que lamentaba sus palabras desagradables y me pedía perdón. Luego ponía su mano en mi corazón y oraba algo así como: «Señor, he sido un instrumento de dolor y he herido a mi esposa; te pido ahora que me hagas un instrumento de sanidad para ella. Perdóname por lastimarla, cura las heridas que le he infligido y restaura nuestro amor y cercanía». Luego, usando el mismo modelo, yo hacía una oración similar, de corazón, por Hal.

Aprendimos a no aferrarnos nunca a la ira o al resentimiento, sino a reconciliarnos lo antes posible.

«Si se enojan, no pequen». No permitan que el enojo les dure hasta la puesta del sol, ni den cabida al diablo» (Efe. 4:26-27, NVI).

Como estas oraciones causaron gran impacto en nuestra relación, nos dimos cuenta de que necesitábamos incluir a nuestra hija en la oración de sanidad. De manera que, cuando las cosas se ponían tensas en nuestra casa, hablábamos con Nicole al respecto. Si discutíamos, le hacíamos saber que sabíamos que nuestra discusión la lastimaba y la asustaba. Le decíamos que nos habíamos pedido perdón. Luego le pedíamos que nos perdonara a nosotros también.

Siempre acabábamos poniendo la mano en el corazón de Nicole, y orando para que Dios sanara las heridas que nos habíamos infligido, y pidiéndole que restaurara la intimidad de nuestra familia. Además de unirnos más como familia, Nicole contaba ahora con un modelo de sanidad y reconciliación, mediante la oración, que algún día podría usar en su propio matrimonio y familia, y lo hace hoy día. Este tipo de reconciliación humilde y sincera cierra rápidamente la puerta a la intervención del enemigo en las familias y evita que la amargura se propague.

Mi buena amiga Cindy Jacobs confiesa la forma única y singular en que ella y su esposo oran unidos:

> Mike y yo tenemos un lugar especial al que vamos a orar cuando enfrentamos situaciones desesperadas, cuando un miembro de la familia está gravemente enfermo o no hay dinero en el banco y las facturas se amontonan. ¡Vamos allí cuando tenemos un amargo desacuerdo y ambos sentimos que tenemos RAZÓN!
>
> Tenemos un banco acolchado al pie de nuestra cama. No es lujoso y no está decorado, pero es nuestro lugar especial. Simplemente nos arrodillamos allí y nos tomamos de la mano. No mentiré diciendo que esto sea fácil de hacer cuando hay un desacuerdo. Pero lo hacemos, aunque no tengamos ganas. Nos miramos a los ojos y nos contamos nuestra versión de la historia. Nos escuchamos y después oramos.
>
> Esta puede ser una forma MUY efectiva de consejería matrimonial. Por alguna razón, es difícil sentir orgullo o enojo cuando uno está arrodillado y, más aún, cuando mira directamente a los ojos de la persona que ama. Por lo general, uno, o los dos, vemos que estábamos equivocados. Desde ese humilde punto de vista, las cosas por las que discutíamos pueden parecer muy pequeñas y

hace que uno se sienta bastante tonto por la forma de actuar. Nos pedimos perdón, se reaviva nuestro amor y se restaura la paz y la unidad.[3]

Aunque piense que su matrimonio está al borde del precipicio, si ambos están dispuestos, pueden hacer una oración sencilla, pedir a Dios que sane su matrimonio y restaure su amor mutuo. ¡Lo hará! Cuando se reúnan, pídanse perdón uno al otro. (Este no es momento de ensayar ofensas mutuas. Solo hay que estar dispuestos a perdonar). Luego, ordenen al «destructor» que quite sus manos de su matrimonio y salga de su hogar, ¡en el nombre de Jesús! Es posible que no «tenga» ganas de hacerlo. Pero si lo ha probado todo y está desesperado por salvar su matrimonio, ¿por qué no intentarlo a la manera de Dios? (Consulte «Oren por victoria para un matrimonio con problemas», en el Apéndice, para obtener más orientación).

IDEAS DE COSAS POR LAS QUE ORAR CON SU CÓNYUGE

Tal vez se esté preguntando: «¿Sobre qué hemos de orar cuando nos reunimos?» A muchas parejas les gusta tener un tiempo privado de oración aparte del resto de la familia. Esto les permite hablar y orar sobre asuntos discretos o confidenciales relacionados con su matrimonio, familia extensa o amigos.

Aunque posiblemente usted no cubra todos esos temas, he incluido algunas ideas que puede incorporar a sus oraciones:

- Su relación matrimonial: unidad de propósito, fortalecimiento, sanación, más tiempo de calidad, alimento espiritual, refrigerio y rejuvenecimiento del amor que se profesan uno al otro.

- Sus hijos: su escuela, amigos, influencias externas, actitudes de corazón, su llamado, para que Dios haga florecer sus dones espirituales y su destino con un carácter divino.

- Su economía: dónde dar y cuánto, nuevas oportunidades para obtener ingresos, sabiduría para gastar, trayectoria profesional y progreso laboral, su empleador y entorno laboral.

- Libertad de estilos de vida poco saludables: para que el Señor les libere a usted y a su familia de ataduras y les ayude a mantenerse libres.

- Perdón: por relaciones rotas con Dios y con los demás, arrepentimiento por cualquier ruptura de relación con sus familiares (suegros, padres, parientes, amigos cercanos) en ambos lados de la relación.

- Contienda contra las fuerzas de las tinieblas: fuerzas espirituales que intentan crear confusión en sus relaciones, negocios o ministerio.

- La Iglesia: por una atmósfera de «cielos abiertos», libertad para anunciar el Evangelio, avivamiento, equipamiento de las familias, servicio a la comunidad, alcanzar a los que no conocen a Cristo. (Consulte «Siete oraciones de poder vivificante por su iglesia» en el Apéndice, para obtener más orientación).

Si son padres, el papel más importante e influyente que desempeñan usted y su cónyuge es orar fielmente por el destino de sus hijos. Debido a su estrecha relación, conoce a sus hijos mejor que nadie y puede discernir cuándo y cómo necesitan más oración. (Consulte «Reclamen las promesas de Dios para sus hijos», en el Apéndice, para obtener más orientación).

Nate, a quien mencioné anteriormente, comparte cómo él y su esposa se mantienen sintonizados entre sí y con el Señor para orar por sus cinco hijos:

> Mi esposa y yo conocemos el pulso espiritual de nuestros hijos. Sabemos quién responde a qué. Sintonizamos con la sensibilidad espiritual de cada uno de ellos. Ella educa a nuestros hijos en el hogar durante el día, y por la noche, cuando está en el trabajo, yo dirijo la oración y el culto familiar.
>
> En más de una ocasión, mi esposa y yo pensamos lo mismo acerca de un niño. Nos sentamos en la cama, por la noche, y oramos por él (o ella) porque vemos cómo trata a su hermano o hermana. Cuando lo hacemos, sin falta, comenzamos a notar que el corazón del niño se ablanda. Varias veces hemos visto cambios inmediatos en una semana: un corazón tierno, la voluntad de expresar lo que sienten. Vemos que reconocen la necesidad de que el Señor cambie su corazón. Vemos que surge bondad o ayuda en la casa, un deseo de obedecer en vez de una obediencia a regañadientes.

Ninguna familia es perfecta. Pero se pueden tomar los problemas de la vida y, en oración, convertirlos en oportunidades para manejarlos de manera justa y enseñar a sus hijos a hacer lo mismo.

Si está convencido de que le gustaría lograr que la oración forme parte de su relación matrimonial, no espere. Puede empezar hoy mismo. Aquí hay algunas pautas sencillas para lograr un tiempo exitoso en oración y adoración.

- Manténgalo sencillo. Sencillo a veces significa corto. No necesita orar por dos horas; ¡a veces diez minutos es un buen comienzo! Recuerdo haber pronunciado una conferencia en Dallas, un sábado, sobre el tema «Fuego en el altar familiar». Después, una anciana se sentó a mi lado durante el almuerzo. «Lo que usted dijo hoy es completamente cierto», me dijo. «Hace más de 20 años, mi esposo y yo comenzamos a hacerlo. Nos tomábamos de la mano y orábamos el uno por el otro todas las noches, en la cama, antes de quedarnos dormidos. ¡Salvó nuestro matrimonio!»

- Sea vulnerable. No se abstenga de compartir su corazón. Esté dispuesto a ser transparente sobre lo que sucede en su vida, incluya sus pensamientos y emociones. La vulnerabilidad y la transparencia forjarán intimidad entre usted y Dios, y entre ustedes.

- Haga oraciones positivas y vivificadoras por su cónyuge. Señalar con el dedo conduce a la destrucción, pero declarar las promesas de Dios que vivifican produce resultados divinos. Deje que Dios, Quien comenzó la buena obra en usted y su cónyuge, continúe realizando cambios (véase Fil. 1:6). Recuerde, *«En la lengua hay poder de vida y muerte»* (Prov. 18:21, NVI). Es muy alentador oír a alguien orar palabras llenas de fe sobre su vida. Este es el tipo de oración sanadora y transformadora para un matrimonio. (Consulte «Una oración matutina por mi esposa» o «Una oración matutina por mi esposo», en el Apéndice, para obtener más orientación).

- Hágalo regularmente. Pueden ponerse de acuerdo como pareja para establecer un tiempo diario o semanal para orar. No tiene por qué ser la única vez que oren juntos; ¡La espontaneidad también es buena! Me encanta cuando el tiempo regular de oración se convierte en un estilo de vida de oración conjunta en cualquier momento y lugar.

¿QUÉ HACER SI SU CÓNYUGE SE RESISTE A ORAR CON USTED?

No es raro que uno de los cónyuges muestre más entusiasmo por orar juntos que el otro. Por ejemplo, es posible que su cónyuge no conozca al Señor o no crea lo mismo que usted. Si este es el caso, ore y presente las necesidades de su cónyuge ante el Señor. Aférrese a las promesas de Dios y proclame que ambos servirán al propósito redentor de Dios. Pida a Dios lo que tiene para ustedes juntos. También, proclame proféticamente que su matrimonio será una luz brillante que dará testimonio de Su amor y su fidelidad a los que les rodean.

A veces, uno de los cónyuges puede sentir que el otro «ora mejor», lo que le intimida un poco. O puede sentir que su cónyuge es tan prolijo que resulta difícil de acompañar. Trate de desactivar este argumento haciendo oraciones cortas y no poniendo el estándar demasiado alto en cuanto a la duración y la sustancia del tiempo de oración. Recuerde que una oración breve y sencilla puede ser tan profunda como una oración larga, o incluso más.

Un primer paso podría ser pedir a su cónyuge que haga una breve oración *por* usted, en lugar de *con* usted, cada vez que tenga una necesidad en su vida. Tal vez cuando esté enfermo, o tenga una inquietud en el trabajo, puede pedirle: «Cariño, ¿puedes orar por mí por _____?»

No presione. Le animo a ser amable con su petición y no intente presionar a su cónyuge para que ore con usted. Si se resiste y no está dispuesto, entonces comience a orar por su cónyuge y matrimonio por su cuenta. Es posible que encuentre un amigo que quiera orar por su cónyuge. Forme un equipo para orar juntamente por el matrimonio de cada uno.

¿Qué decir si es usted quien no está dispuesto? Como seguidor/a de Cristo, y como persona que ora, si se resiste a orar con su cónyuge, esta podría ser una excelente oportunidad para examinar su corazón. Pregúntese: *¿Por qué dudo en orar con mi cónyuge? ¿Hay falta de perdón en mi corazón? ¿Me resisto o tengo miedo a tener intimidad con mi cónyuge? Si es así, ¿por qué?* Pida al Señor que le revele cuál es la causa. ¿Necesita perdonar a su cónyuge y ser sanado? Pida perdón al Señor y, tal vez, a su cónyuge. Es posible que descubra, después de hacerlo, que tiene una perspectiva completamente nueva sobre la oración conjunta.

Persevere En «Orar Con Su Cónyuge»

Cuando nuestra hija Nicole se hizo mayor y se casó, Hal y yo perdimos por un tiempo la rutina de orar juntos regularmente. Orábamos cuando íbamos en el auto, o cuando nosotros o algún miembro de la familia teníamos una necesidad especial, pero nuestros tiempos de oración conjunta no eran deliberados ni consistentes.

Un día empezamos a sentir que el Señor nos llamaba a restablecer nuestro altar familiar, a pesar de que nuestros hijos ya no vivían en casa. Comenzamos apartando una hora todos los domingos por la noche para orar. No obstante, al poco tiempo, nuestros tiempos de oración se extendieron a otras noches de la semana. A veces, pasábamos la primera parte del tiempo leyendo las Escrituras o un libro cristiano inspirador. A menudo, leíamos un capítulo por noche, y nos turnábamos para leer. Esos relatos siempre catalizaban nuestra fe y nos daban nuevas perspectivas por las que orar.

Constantemente me asombro de todos los beneficios que acarrea el orar juntos. Una noche le pregunté a Hal: «¿Qué te ha estado diciendo Dios esta semana?» No era una pregunta capciosa. No tenía en mente nada en particular. Sin embargo, cuando me dijo lo que sentía que Dios le estaba diciendo, me quedé atónita. Había oído lo mismo del Señor pocos días antes. Había sido solo una impresión, y ciertamente la habría pasado por alto si yo no le hubiera preguntado, y Hal no me hubiera confirmado, lo que había escuchado. Ahora, nos preguntamos mutuamente qué nos está diciendo Dios cada vez que nos reunimos para orar. Nos ayuda a estar en sintonía uno con el otro y, lo que es más importante, con el Señor.

Activación: Edifique Su Altar Matrimonial De Oración

1. Reserve 15 minutos para orar con su cónyuge. Considere empezar comentando cómo Dios ha respondido sus oraciones en el pasado, o cómo sienten que Él está guiando sus vidas, su familia y su matrimonio.

2. Recuérdense mutuamente las promesas que Dios les ha hecho, los pasajes de Escritura que el Espíritu de Dios les ha hablado, las historias que les han inspirado o las palabras proféticas que han recibido como individuos o como pareja. Oren juntos en voz audible tales promesas y palabras proféticas. A medida que edifique su altar matrimonial, se fortalecerá su fe para creer por más el favor de Dios y puertas abiertas.

3. Inicie un diario de oración con su pareja y mantenga una lista de peticiones de oración. No olvide anotar las respuestas. Son grandes recuerdos de la fidelidad de Dios que querrá recordar y transmitir a su familia.

Oremos

Señor Dios, gracias por ser Autor de la vida y diseñar el matrimonio. El matrimonio es una imagen hermosa de Tu relación con nosotros, digna de honrar porque Tú la instituiste. Te invitamos de nuevo a nuestro matrimonio; infunde nueva vida a nuestra relación. Ayúdanos a amarnos unos a otros como Tú amas a Tu Iglesia. Ayúdanos a demostrar el amor puro y desinteresado de Jesús por los demás. Perdónanos por tratar de resolver las cosas por nuestra cuenta en lugar de presentarte nuestros desafíos. De ahora en adelante, nos comprometemos a orar unos por otros, unos con otros y por nuestra familia. El deseo de nuestro corazón es que la oración unida consolide nuestra vida junto a Ti. Declaro que mi matrimonio es un cordón fuerte, trenzado con tres dobleces que no se pueden romper: esposo, esposa y el Señor Dios Todopoderoso. Amén.

Capítulo 7

Comience Con La Oración Familiar: Formas De Involucrar A Todos

Escrito está: «Mi casa es casa de oración» (Lucas 19:46).

Nuestro primer hogar fue una pequeña casita estilo rural, de ladrillo rojo con molduras de madera color café y tejado típico. Solo tenía 100 metros cuadrados de superficie, pero nos emocionaba que fuera nuestra. La compra de la casa fue un milagro porque no teníamos dinero para pagar la prima, ni calificación crediticia para que nos concedieran una hipoteca, pero Dios proveyó milagrosamente.

Recuerdo que lo mejor de aquella casa no era su apariencia exterior, sino la belleza de lo que vivíamos adentro: nos sentábamos en el sofá a orar por el futuro de nuestra hija, a la mesa de la cocina a pedir «nuestro pan de cada día» y provisión para pagar las facturas, en un pequeño despacho, a pedir a Dios dirección y puertas abiertas para el ministerio, y sentados en la cama de Nicole, por la noche, para rogar por su paz y protección.

Cuando Jesús dijo: «*Mi casa será casa de oración*» (Mat. 21:13, NVI), no solo se refería a la «iglesia». Se refería a los hogares, y no olvidemos que las primeras iglesias estaban en las casas. Jesús no quiere que solo le adoremos y hablemos de Él los domingos, sino ser el Dios que adoramos y con Quien hablamos todo el tiempo, personalmente y como familia. Él quiere que nuestros hogares sean «casa de oración» donde Él es invitado a participar en todos los aspectos de nuestra relación familiar y vida en común.

COMIENZO

Puede que piense que *esto algo increíble. ¿Cómo puede mi familia tener tiempos de oración como éste?*

Muchas familias descubren que el obstáculo más grande para orar unidos es simplemente comenzar. Es posible que su familia no esté acostumbrada a juntarse para orar. Tal vez, solo oran esporádicamente y le gustaría que su tiempo en grupo fuera más significativo. Por eso es útil tener un plan. En mi libro *La familia saturada por la oración*, hablo acerca de cómo impulsar la oración familiar. Algunas preguntas que surgen inevitablemente son:

- «¿Quién va a dirigir el tiempo de oración?»
- «¿Cuándo y dónde nos reuniremos?»
- «Nunca lo hemos hecho; ¿cómo debemos hacerlo?»

- «¿Sobre qué vamos a orar?»
- «¿Qué pasa si no quiere acudir toda la familia?»

¡Todas estas preguntas son excelentes!

Julie se hacía las mismas preguntas cuando empezó a reunir a su familia para orar. Convocó una reunión familiar para pedir a cada miembro de la familia su opinión sobre cómo debía ser su altar de oración. Como tenían hijos de distintas edades, Julie y su esposo, Greg, querían que todos participaran. Decidieron turnarse para dirigir cada porción del tiempo de oración. Sentados alrededor de la mesa (y disfrutando de unos helados de chocolate) planearon sus reuniones de oración: decidieron el formato de su altar de oración, sobre qué tipo de cosas iban a orar, cómo querían que fueran las reuniones y qué no querían. (Por ejemplo, uno de los adolescentes expresó que no quería que le obligaran a orar en voz alta, y el niño de siete años pidió que la reunión no fuera «¡demasiado larga!»)[1]

Cómo Estructurar La Oración Familiar

Considere diseñar el tiempo de oración familiar de la manera que mejor se adapte a su familia y con arreglo a la capacidad y el deseo de participación de cada miembro. Esto variará de unas familias a otras y, además, puede evolucionar con el tiempo. No hay punto de partida perfecto; solo hay que dar el primer paso. ¡Dios se mostrará y les ayudará!

Muchas familias que oran unidas me han confesado que han descubierto un modelo que se adapta a su estilo de vida. A medida que concibe un plan especial para su familia, las siguientes preguntas pueden servirle de guía:

1. ¿Cuándo y dónde reunirse?

Al igual que lo hicieron Julie y Greg, usted puede reunir a su familia y discutir la idea de dedicar un tiempo especial cada día o cada semana para reunirse a celebrar el culto y la oración familiar. Busque un momento en el que todos estén de acuerdo y apártelo para orar, no importa que haya interferencias. Elija un lugar que, además de cómodo, sea propicio para encontrarse con Dios. Comience orando por ese ambiente y dedíquelo al Señor. Aunque sea su sala de estar, cocina, dormitorio o patio y se use para otros propósitos, resérvelo como un lugar especial donde usted y su familia acuden a encontrarse con Dios. Hay historias asombrosas, tanto en la Biblia como en la vida moderna, de cómo la presencia de Dios llega y permanece en lugares donde las personas se reúnen regularmente en Su nombre.

2. ¿Quién va a liderar?

Esta pregunta no siempre tiene una única respuesta. Muchas familias han descubierto que son útiles los siguientes roles intercambiables:

- El líder: inicia y concluye, establece el tono de la reunión, elige la actividad si la hay, busca el aporte de la familia para obtener ideas.

- El organizador ayuda a todos a saber dónde y cuándo reunirse.
- Si se desea, el líder de adoración, escoge las canciones o busca música de adoración y alabanza en línea, en cualquier fuente accesible de internet.
- El escriba registra notas y lleva el diario de peticiones y respuestas a la oración.

Estos roles pueden combinarse o pueden cambiar con el tiempo, especialmente a medida que los niños crecen y se interesan en asumir papeles de liderazgo. Nuestros amigos Lance y Annabelle Wallnau, que tenían tres hijos jóvenes que aún vivían en casa, compartieron conmigo cómo fue evolucionando el liderazgo de su oración familiar con el tiempo: «Lance y yo solíamos ser el catalizador para reunir a nuestros hijos en oración, pero ahora es nuestro hijo mayor el que nos invita. Sin su iniciativa probablemente no tendríamos devociones familiares con tanta regularidad. Se encarga de comprobar el horario de todos y lo organiza todo».

3. ¿Cómo mantenerlo a través de una agenda apretada?

Calendarios llenos e innumerables distracciones pueden amenazar con interrumpir o cancelar su altar de oración familiar. No se desanime. Si se pierde una semana o dos, no se rinda. La flexibilidad y la persistencia son claves. Vuelva a empezar tan pronto como pueda. En nuestra casa apagamos los teléfonos celulares, ordenadores y televisores para minimizar las distracciones. Esto nos ayuda a relacionarnos con Dios, así es más fácil escuchar Su voz y disfrutar de Su presencia y de los demás.

4. Somos tan diferentes; ¿Cómo incluir a todos?

Es imprescindible ser sensible a la edad, personalidad e intereses de los miembros de su familia. Por ejemplo, los niños más pequeños no pueden quedarse quietos por mucho tiempo. Necesitan mantenerse activos porque su capacidad de atención es limitada. Si tiene hijos adolescentes, deje que ayuden a decidir cómo será el altar familiar. Tal vez un miembro de la familia sea creativo y quiera expresar sus oraciones y alabanzas a través del arte. Permítales compartir a su manera y responda con oración y alabanza. Puede incorporar todo tipo de creatividad a su tiempo de oración para que todos se involucren con sus dones e intereses. Un miembro de la familia puede haber tenido un sueño o una impresión que desee compartir; la familia puede orar luego por su significado.

5. ¿Cómo hacer un seguimiento de las necesidades y respuestas de oración de nuestra familia?

La mejor manera de recordar las peticiones de la familia y los informes de alabanza es llevar algún tipo de diario o registro de notas del tiempo de oración. Una madre, Amanda, compartió conmigo: «Cuando empezamos a registrar las peticiones de oración en un cuaderno y anotar las necesidades y las respuestas que llegaban, empezamos a ver a Dios moverse, ¡y aumentó la fe de nuestros hijos!» Considere comenzar el tiempo de oración compartiendo respuestas recibidas. Esto puede crear expectativa y aumentar la confianza de que Dios va a volver a responder. Cuando se abre el diario de oración y se comparte, se pueden apreciar las cosas maravillosas que el Padre Celestial ha ido haciendo en su familia. Esto edifica su fe, y la fe de sus hijos, en la bondad y el poder de Dios.

6. ¿Cómo cultivar una atmósfera fresca y vivificante?

El altar de oración familiar puede ser un tiempo agradable, feliz e interactivo, lleno de entusiasmo, que toda la familia anticipa con verdadera expectativa. Un consejo para las familias que desean mantener el fuego encendido es hacer que ese tiempo sea sencillo y divertido. Un beneficio adicional de la oración familiar regular y tiempo de adoración conjunta es que ofrece la oportunidad de ser intencional sobre cosas que realmente importan, como:

- animarse y alentarse unos a otros
- conectarse y afirmarse mutuamente
- crear un lugar seguro para que cada miembro de la familia comparta su corazón
- edificar la fe y la seguridad como familia con el Señor y unos con otros
- crear un legado de la importancia y la prioridad de Dios y la familia

7. ¿Cómo debería ser?

Su altar familiar puede formarse en torno a la mesa de tomar café, sentados en el patio, de rodillas, por la noche, junto a la cama de su hijo, o haciendo una caminata de oración por el barrio para orar en silencio por sus vecinos. O puede ser una reunión telefónica o conferencia, o mediante Zoom o FaceTime. Sus tiempos especiales de oración pueden ser sobre temas como la salud, protección, provisión, dirección, salvación y relaciones. Y puede incluir distintos tipos y estilos de oración, como momentos de escucha, bendiciones, peticiones, acción de gracias y guerra espiritual. ¡Su altar familiar puede convertirse en un lugar de oración creativa con muchas cosas para elegir!

Incorpore La Adoración En Su Tiempo De Oración Familiar

Las familias me informan constantemente que sienten que la atmósfera en su hogar cambia cuando todos reunidos cantan o meditan canciones de adoración centradas en el Señor. Lo cual, puede incluir música reproducida en un iPad, dispositivo móvil, o que usted mismo haya creado. A su familia le puede gustar la música y disfrutar añadiendo este componente de adoración en vivo a su altar.

Descubrirá que expresar hambre por la presencia de Dios y buscarle en adoración abre realmente una ventana celestial a Su presencia y a un encuentro personal con Él. Hal y yo a menudo experimentamos una presencia intensa del Señor que se instala en nuestro hogar y permanece durante horas o días. Esto afirma la verdad de la promesa de Dios: «*Acercaos a Dios, y él se acercará a vosotros*» (Sant. 4:8).

A medida que usted y su familia practican la espera y adoran al Señor sin prisas, Él hará que sus corazones se ablanden hacia Él y hacia los demás. Crece un sentimiento de armonía mutua y cercanía con el Señor. Después de reunirse para adorar al Señor, todos se refrescan personalmente y Dios inspira sus oraciones: el Espíritu Santo les infunde vida y fe.

Brad y Nikki son una pareja que experimentó el poder vivificador de la adoración que cambia la atmósfera cuando se comprometieron un mes de enero a participar en un reto de la radio cristiana en su ciudad natal, Phoenix. El reto consistió en escuchar solo música cristiana durante 30 días.

Sin embargo, Brad y Nikki llevaron ese desafío a otro nivel. Se comprometieron uno con el otro no solo a impregnar su hogar con música cristiana de adoración, sino también a celebrar devociones familiares todas las noches de ese mes. Saturaron su hogar y su familia con música de adoración.

«Todas las noches, después de acostar al bebé, adorábamos, orábamos y leíamos la Palabra de Dios. ¡Después, la atmósfera de nuestra casa cambió!» declaró Brad. «Pero eso no es todo. Mi esposa y yo somos líderes de jóvenes en nuestra iglesia. Cuando el grupo de jóvenes que se reunía semanalmente en nuestra casa comenzó a experimentar la frescura divina de esa atmósfera, la actitud del grupo de jóvenes cambió.

«Ya no quieren pasar todo el tiempo jugando videojuegos y en las redes sociales. ¡Les apasiona correr en pos de Dios! ¡Les encanta hablar de Dios, adorarle, leer la Palabra de Dios y orar!»[2]

Consejos Para Familias Jóvenes

Cuando los niños son muy pequeños, especialmente cuando hay varios, la capacidad de atención es corta, suele haber caos y el nivel de energía de mamá y papá a menudo dependen de cuánto hayan dormido (o no) la noche anterior. Este es un desafío típico para las familias jóvenes, pero ello no significa que no puedan disfrutar de un tiempo de oración. Por ejemplo, Brad y Nikki, cuyo caso acabamos de leer, necesitaban esperar para orar juntos hasta que su pequeño estuviera tranquilo en la cama. En esta etapa de la vida, cuando los niños son pequeños y el nivel de actividad es alto, hay que ser flexible y darse a uno mismo (y a los demás) mucha gracia. He aquí algunas ideas para conseguirlo:

Establezca un tiempo y lugar adecuados

Elija un tiempo sin prisa y en el que todos puedan estar presentes. No se ate a un horario fijo, aunque si está programado a la misma hora todos los días ayudará a recordarlo. Debe ser un tiempo en el que especialmente los pequeños no sean propensos a tener demasiada hambre o cansancio. Recuerde, la calidad del tiempo que pasan juntos es más importante que la cantidad.

Elimine las distracciones

Apague todos los aparatos y dispositivos móviles. ¡La tranquilidad es una cosa hermosa! «*Estad quietos y conoced que yo soy Dios*» (Salmo 46:10).

Dé prioridad a la Palabra de Dios

Todos necesitan su propia copia de la Biblia en papel o digital. Considere usar una versión contemporánea y lea las promesas de Dios en voz alta mientras todos siguen la lectura. Puede que tenga que ser creativo con los niños pequeños, mantener la sencillez y ayudarles a participar. Recurra a historias bíblicas, imágenes y un poco de imaginación santa.

Conversen juntos

Esto es algo que las familias a menudo no logran hacer en un mundo ajetreado, dominado por los dispositivos y centrado en la tecnología. Hagan preguntas. Comenten lo que Dios está diciendo a cada persona. Dejen que sus hijos hagan preguntas y tómense tiempo para responderlas.

Oren unidos

Oren por cada persona por su nombre y permita que cada miembro de la familia exprese su oración a Dios. Mi pastor solía decir que realmente no se conoce el corazón de una persona hasta que se la escucha orar. ¡Pida oración y recuerde anotarlo en un diario cuando Dios responda!

El formato de una reunión de oración no es tan importante como su esencia: brinde a todos la oportunidad de tocar el corazón de Dios, de clamar con autenticidad. La atmósfera de la reunión de oración puede cambiar: ser ruidosa o tranquila, corta o larga. Lo que más importa es tener un encuentro con el Dios del universo y darle la bienvenida para que entre en nuestras vidas de manera renovada.

MANERAS DE ORAR

Aquí hay algunas sugerencias de distintas formas de oración conjunta y tipos de oración que quizás deseen incorporar a sus tiempos de oración familiar:

Oración de escucha

Sus tiempos de oración familiar pueden ser un lugar para escuchar la voz de Dios cuando necesiten Su sabiduría, dirección y estrategia. La próxima vez que su familia tenga que tomar una decisión importante, ¿por qué no reunirse y preguntar a Dios qué tiene Él que decir al respecto? Escuchar y esperar al Señor en silencio, muchas veces con la Biblia abierta, o a mano, permite al Señor hablarnos por Su Espíritu y a través de Su Palabra. (Consulte «Toma de decisiones», en la Guía de oración, para 10 días, en el Apéndice, para obtener orientación).

Oraciones de bendición

El altar familiar es el momento perfecto para derramar bendiciones unos sobre otros. Los miembros de la familia pueden declarar bendiciones bíblicas o hacer oraciones de su propio corazón. Esos tiempos vivificantes pueden animar a los niños y miembros de la familia a verse a sí mismos como Dios los ve e infundirles esperanza para el futuro. Puede ser tan sencillo como abrazar a su esposo, esposa, hijo o padre y pronunciar una simple bendición como: «Te bendigo con paz, ánimo, salud y confianza». Puede comenzar con algo espontáneo. En la próxima fiesta familiar de cumpleaños, graduación u otro evento especial, pida a los reunidos que oren para bendecir al invitado de honor. O, la próxima vez que esté con sus hijos o nietos, pregúnteles si puede hacer una oración de bendición sobre ellos. (Consulte el Capítulo 8 para obtener más orientación sobre cómo orar para bendecir a los niños de su familia).

Oraciones por provisión

Una esfera en la que muchos necesitamos confiar en la fidelidad de Dios es Su provisión. Podemos confiar en Dios para que nos provea sin tener en cuenta las condiciones económicas que nos rodean. El apóstol Pablo declara: «*Mi Dios, pues, suplirá todo lo que os falta conforme a sus riquezas en gloria en Cristo Jesús*» (Fil. 4:19). Durante nuestros 40 años de matrimonio y servicio en el ministerio, Hal y yo hemos tenido que creer en Dios para pagar la hipoteca, la matrícula escolar, la ropa y los alimentos. ¡Él siempre ha provisto abundantemente! Es esencial para el futuro de nuestros hijos que sepan que Dios es la fuente de todo lo que necesitan. (Para obtener más orientación, consulte «Oren por la economía de su familia», en la Guía de oración para 10 días, en el Apéndice).

Oraciones de protección

Podemos asegurar los muros de nuestro hogar y la seguridad de los miembros de la familia a través de nuestras oraciones. Una forma de hacerlo, en la práctica, es orar la Palabra de Dios sobre nuestro hogar. Por ejemplo, el Salmo 91 es una gran promesa de la protección de Dios. A menudo, lo leo por la mañana en voz audible, mencionando los nombres de los miembros de mi familia. (Consulte «Salmo 91 - Oraciones de protección por mi familia» y «Oren por las escuelas de sus hijos», en el Apéndice, para obtener más orientación).

Un día pregunté al Señor: *¿Qué debemos hacer para proteger nuestro hogar?* Inmediatamente el Espíritu Santo dirigió mi pensamiento a lo que hicieron los israelitas cuando su nación estaba bajo juicio y el primogénito hijo varón estaba destinado a ser ejecutado.

Fui guiada a Éxodo 12:5-7, donde Dios dijo a los israelitas que mataran un cordero sin defecto, tomaran un poco de sangre y la pusieran en los postes y el dintel de la casa, y al versículo 13 del mismo capítulo, «*y veré la sangre y pasaré de vosotros, y no habrá en vosotros plaga de mortandad cuando hiera la tierra de Egipto*».

En el presente, nuestra protección contra la destrucción es posible a través de la sangre derramada de Jesús, Cordero de Dios, nuestro Redentor, cuando aplicamos Su sangre por fe en el umbral de nuestro corazón, familia y hogar. Hacemos esto reconociendo la obra acabada de Jesús en la cruz, Su sangre derramada por nosotros. Después, le invitamos a entrar y le mantenemos en el centro de nuestra vida y familia (véase Salmo 121:7-8). Hemos heredado las mismas promesas que Dios hizo a Israel y, no obstante, un pacto aún mayor que un cordero sacrificado.

Por la sangre de Jesucristo, Cordero de Dios, la maldición también nos pasará de largo. Es posible que su familia desee recibir la Sagrada Comunión juntos para recordar el sacrificio de Jesús en la cruz y reconocer el poder de Su sangre para escudarlos y protegerlos. (Para obtener más orientación, consulte «Celebren la comunión en familia», en la Guía de 10 días de oración, en el Apéndice).

Oraciones de guerra espiritual

Hay momentos en los que libramos una batalla espiritual contra fuerzas de las tinieblas para asegurar los propósitos de Dios para nuestra vida o nuestra familia. Es posible que tengamos que declarar valientemente las promesas de Dios con fe. Es posible que tengamos que ayunar una comida o más. En Efesios, el apóstol Pablo dice: «*Porque no tenemos lucha contra sangre y carne, sino contra principados, contra potestades, contra los gobernadores de las tinieblas de este siglo, contra huestes espirituales de maldad en las regiones celestes*» (Efe. 6:12). Tenemos un enemigo, satanás, que ha venido a «robar, matar y destruir» (véase Juan 10:10).

Oración de avivamiento

El altar familiar es un lugar para reavivar la llama de la pasión de Dios. A medida que buscamos una intimidad más profunda con el Señor teniendo comunión con Él, Él nos aviva con fuego santo que arde en nuestros hogares, alcanza comunidades e incluso a la nación. El altar familiar es un lugar especial donde podemos orar por un avivamiento en escuelas, iglesias, lugares de trabajo, comunidades y país. Imagínese si las familias de todo Estados Unidos comenzaran a orar diariamente por un avivamiento en nuestros vecindarios y nación. Creo que se encenderían fuegos de avivamiento por todo el país. (Consulte «Oraciones bíblicas por un despertar espiritual en la nación», en el Apéndice, para obtener orientación).

Activación: Planificando Su Tiempo De Oración Familiar

1. Reúna a su familia y comenten la idea de dedicar un tiempo especial, una vez al día, o a la semana, a la oración en común. Busque el momento oportuno en el que todos

se pongan de acuerdo y asegúrese de reservarlo para la oración familiar, no importa qué cosa trate de impedirlo.

2. Inicie un diario en el que registrar la fecha y hora de las peticiones de su familia, y asegúrese de documentar cuándo son respondidas esas oraciones.

3. Observe diligentemente el tiempo de oración. Hagan un pacto entre ustedes de que el tiempo en familia va a ser sagrado, no permitan que ninguna discusión o conflicto interrumpa o cancele su tiempo de oración unida.

4. Disfrute de su tiempo de oración familiar. No trate de ser demasiado religioso: se trata de pasar un tiempo genuino y significativo con Dios y con los demás.

5. Recuerde, puede edificar un altar familiar en cualquier momento y en cualquier lugar. Crear un altar familiar consiste en colocar sabiamente todas las piezas en su sitio. Puede llevar un tiempo, pero al final, todo estará ordenado. Así que tenga paciencia y no se rinda. (Consulte «Un modelo de altar familiar», en el Apéndice, para obtener más orientación).

Oremos

Padre Celestial, igual que los discípulos te pidieron que les enseñaras a orar, te pedimos que guíes a nuestra familia en oración unida. Muéstranos cómo nuestras oraciones pueden ser eficaces y fervientes. Inspíranos a reunirnos regularmente y muéstranos cómo hacer que nuestro tiempo sea muy especial, lleno de Tu presencia. Señor, guíanos a tener comunión contigo y unos con los otros, aunque estemos de viaje o tengamos un día muy ocupado. Ayúdanos a orar todos los días, ¡juntos! Declaramos que Tu fuego está cayendo sobre nuestra vida, y nuestros corazones van a arder con nueva pasión por Ti. Amén.

Capítulo 8

Bendiga A Sus Hijos: Impártales Palabras Vivificantes

Entonces le fueron presentados unos niños para que pusiera las manos sobre ellos y orara; pero los discípulos los reprendieron. Entonces Jesús dijo: «Dejad a los niños venir a mí y no se lo impidáis, porque de los tales es el reino de los cielos» Mateo 19:13-15, RVR-1995).

La muerte y la vida están en poder de la lengua (Prov. 18:21).

A medida que los hogares y la nación son transformados, una de las cosas más importantes que podemos hacer es impartir bendiciones de vida y destino a nuestros hijos y a la próxima generación. El Señor tiene un gran plan para esta joven generación: llevar el Evangelio a todas las esferas de influencia, luchar por las claves culturales de la nación, esparcir reforma y avivamiento en la tierra. Al mismo tiempo, nuestro enemigo, satanás, trabaja activamente y elabora estrategias para destruir a nuestros hijos.

Un feroz ataque de mensajes destructivos hace la guerra contra las mentes y corazones de nuestros hijos e hijas. Voces negativas les bombardean a diario, palabras destinadas a herir, devaluar y decirles que no encajan. Es casi imposible para ellos examinar tales comentarios, experiencias y patrones de pensamiento adversos y decirse la verdad. Cuando nosotros, como padres y abuelos, bendecimos a nuestros hijos con afirmación, favor, esperanza y aliento, producimos efectos vivificantes. Esto es algo que usted puede hacer cuando se reúne con su familia para orar, como vimos en el Capítulo 7. Además, podemos declarar palabras de vida sobre los niños que forman parte de nuestra familia en cualquier lugar y en cualquier momento.

Los niños y adolescentes actuales buscan identidad, sentido de pertenencia y propósito en la vida.

Estas son las áreas donde el enemigo los está atacando. Nuestros hijos buscan respuestas para saber quiénes son y por qué Dios los creó. Buscan «una familia», un lugar de pertenencia. Desgraciadamente, si no comprenden el diseño de Dios para sus vidas, pueden buscar «familia» en los lugares equivocados: relaciones poco saludables, pandillas violentas, comunidad gay-transgénero, cultura de las drogas, por solo nombrar algunos.

La «pertenencia» es uno de los grandes apetitos espirituales de los jóvenes actuales. ¡En la batalla por la identidad de nuestros hijos, podemos darles la base de la verdad que necesitan para rechazar las flechas de fuego que se les dispara todos los días! Y esto lo podemos hacer declarándoles la verdad, dándoles lo que todo niño está buscando: la bendición de su madre y de su padre.

Muchos de nosotros, padres y abuelos (así como entrenadores, líderes y maestros), subestimamos el poder que las palabras vivificantes pueden tener sobre los niños que forman parte de nuestra vida. La Harvard Business School estudió la correlación entre el rendimiento de un equipo y la frecuencia de elogios y críticas a las personas que lo componen. *Esto es lo que descubrieron*: los equipos que mejor rendimiento tuvieron recibieron casi seis comentarios positivos por uno negativo. Los equipos de rendimiento medio recibieron casi el doble de comentarios positivos que negativos. Pero los equipos de bajo rendimiento recibieron casi tres comentarios negativos por uno positivo.[1]

Los resultados de este estudio confirman claramente que todos necesitamos oír más comentarios positivos, especialmente de nuestros padres y familiares. Y una bendición va más allá de un comentario positivo. Las bendiciones son una oportunidad para abrir el corazón y los ojos espirituales de nuestros hijos a su amoroso Padre Celestial. El declarar las promesas de Dios sobre ellos, ¡transforma sus vidas!

Dé La Bendición

Hace algunos años, Randy y Lisa descubrieron que el principio de la bendición está presente en toda la Palabra de Dios. Una tarde, el matrimonio reunió a sus seis hijos pequeños en la sala de estar para pronunciar bendiciones sobre cada uno de ellos. Randy admite que estaba un poco nervioso y se sintió incómodo al principio, pero no dejó que ese inconveniente le detuviera. Confesó a los niños, individualmente, lo especiales que eran para él, para su madre y para Dios; luego bendijo a cada uno de ellos y les declaró el corazón de Dios y el propósito divino sobre ellos.

«Eres un poderoso hombre de Dios, un guerrero, un hijo del Rey», dijo Randy a su hijo Colten. «Tu nombre significa 'hombre de honor'», declaró sobre su otro hijo Logan.

A su hija Jordon le dijo: «Tú reflejas la esencia de la belleza de Dios».

Y a Lauren: «Tu nombre significa victoriosa; eso eres en este mundo».

«Eres hermosa, una princesa», declaró sobre Khrystian. «Dios te usará para influir en las generaciones venideras si le eres obediente».

«Kameryn, tu nombre significa 'amada, cariño'. Serás de gran bendición para todas tus relaciones y atraerás a muchos al Reino de Dios».[2]

Cada generación debe bendecir y capacitar a la siguiente. Vemos un precedente bíblico de padres que bendicen a sus hijos poniéndoles las manos sobre la cabeza y declarando en voz audible un don vivificante de gozo, gracia, sanidad y fuerza interior.

Tal como hizo Randy, podemos bendecir a nuestros hijos con palabras de afirmación, aliento, favor y un futuro extraordinario. Una forma de hacer esto es afirmando constantemente los dones y habilidades que Dios ha dado a nuestros hijos, reclamando las promesas de Dios sobre ellos, como protección, sabiduría y bienestar. (Para obtener más orientación, consulte «Oren por el destino de cada persona» y «Descubran sus dones espirituales», en la Guía de 10 días de oración, en el Apéndice).

Un día, en su tiempo de oración matutina, mi amiga Mary Ruth Swope lamentó el hecho de vivir bastante lejos de su nieto, Daniel. Le entristecía pensar que no tendría la oportunidad de influir en su desarrollo espiritual, social, emocional y físico de la forma en que su abuela materna le había inspirado a ella. Mientras oraba por este dilema, Mary Ruth comenzó a pensar en cómo los padres bendicen regularmente a sus hijos en la cultura judía.

Ella pensó: *¿Por qué no puedo comenzar a bendecir a mi nieto cada vez que hablo con él por teléfono? Esa sería una forma de transferirle mis valores personales y espirituales a Daniel aunque no pueda estar físicamente presente junto a él.*

Inmediatamente, Mary Ruth empezó a escribir bendiciones. Cuando llamó a Daniel, le dijo que quería bendecirle. Él escuchó atentamente y respondió con dulzura: «Gracias, abuela». Cuatro días después, volvió a bendecir a Daniel.

La tercera vez que le llamó, ya se disponía a despedirse cuando Daniel le preguntó: «Abuela, ¿me vas a bendecir hoy?».

Mary Ruth dice: «¡Mi corazón casi saltó de mi pecho al oír que Dios me estaba confirmando cuán importantes habían sido las bendiciones para mi precioso nieto! Ahora, cuando le llamo, pronuncio regularmente una bendición sobre él, centrándome en distintas áreas de su desarrollo: personal, espiritual, físico y emocional».[3] Tal como las bendiciones de Mary Ruth sobre Daniel hicieron que su nieto se sintiera amado, aceptado y valorado, las bendiciones que declaramos sobre los niños que nos rodean pueden moldearlos y convertirlos en las personas que Dios quiso que fueran.

Una bendición siempre se declara, no se mantiene escondida como un deseo en el corazón. Las palabras tienen poder cuando se declaran.

«No me daba cuenta del poder que tienen las bendiciones», dijo una madre, «hasta que empecé a pronunciar bendiciones sobre mi hijo hiperactivo. Ahora aprecio cambios que nunca creí posibles mientras le bendigo todos los días con paz, dominio propio y amor desinteresado por los demás».[4]

La bendición difiere de la oración. Cuando oramos, dirigimos nuestras palabras hacia Dios; pero cuando bendecimos, las dirigimos a una persona. Si nuestras palabras están alineadas con la Palabra de Dios y se declaran en el nombre de Jesús, pasamos a ser un canal a través del cual fluye el poder de Dios.

Esto se ve en Números 6:23-27 (RVC), donde Dios da instrucciones precisas sobre cómo los sacerdotes debían bendecir al pueblo:

> *«Habla con Aarón y sus hijos, y diles que de esta manera bendecirán a los hijos de Israel. Les dirán: "¡Que el Señor te bendiga, y te cuide! ¡Que el Señor haga resplandecer su rostro sobre ti, y tenga de ti misericordia! ¡Que el Señor alce su rostro sobre ti, y ponga en ti paz!" De esta manera invocarán ellos mi nombre sobre los hijos de Israel, y yo los bendeciré».*

BENDICIONES GENERACIONALES

Dios nos ha dado un plan vivificador en la Biblia para impartir bendiciones a nuestros hijos. Su primer acto después de crear a Adán y Eva fue bendecirles y decir: «*Sed fructíferos y multiplicaos; llenad la tierra y sometedla; dominad a los peces del mar y a las aves del cielo, y a todos los reptiles que se arrastran por el suelo*» (Gén. 1:28, NVI). Aquí tenemos la primera evidencia bíblica de que la bendición de Dios tiene por objeto producir vida de generación en generación.

Los patriarcas del Antiguo Testamento hicieron todo lo posible por impartir bendiciones a sus hijos, especialmente de padre a hijo. Así es como los beneficios del favor de Dios se transmiten de una generación a otra. Abraham bendijo a Isaac e Isaac bendijo a Jacob. Jacob bendijo a sus doce hijos.

Dios pronunció primero Sus bendiciones sobre Abraham, prometiéndole: «*Y haré de ti una nación grande, y te bendeciré, y engrandeceré tu nombre, y serás bendición. Bendeciré a los que te bendijeren, y a los que te maldijeren maldeciré; y serán benditas en ti todas las familias de la tierra*» (Gén. 12:2-3). En Marcos 10:16, se nos dice de Jesús: «*Y tomándolos en los brazos* [a los niños], *poniendo las manos sobre ellos, los bendecía*».

¿SON SUS PALABRAS DE BENDICIÓN O MALDICIÓN?

El autor de Proverbios asegura que «*la muerte y la vida están en poder de la lengua*» (Prov. 18:21). En contraste con la bendición, que «faculta para prosperar», la maldición significa «hacer fracasar». Vale la pena reflexionar detenidamente en esta declaración.

Unas pocas palabras pronunciadas con ira o frustración pueden cambiar el destino de un niño. Palabras que vibran en el aire solo unos segundos pueden reverberar durante toda una vida. Las palabras negativas e hirientes pueden quebrantar el espíritu de un niño y causar gran perjuicio a su autoestima, además de dañar su relación con él o ella. Esto puede crear una atmósfera negativamente cargada en el hogar.

Es fácil recurrir a gritar a los hijos, especialmente cuando los horarios son apretados y las tensiones son altas. Pero es importante recordar que si grita con ira, sus palabras penetrarán en el corazón de su hijo. En lugar de producir fruto de obediencia, puede conseguir que se rebele. Puede causar resentimiento y generar falta de confianza. Palabras de enojo que transmiten a un niño que es inútil o estúpido pueden causar heridas profundas que acarrean problemas hasta bien entrada la edad adulta.

Trate de ser sensible a la forma en que sus palabras impactan a su hijo. Observe sus expresiones faciales. ¿Qué le está diciendo su hijo a través de sus ojos, voz y acciones?

Las palabras de vida a menudo comienzan con «Tú eres...». Son declaraciones verídicas que concuerdan con lo que Dios dice acerca de su hijo:

- «Eres intrépido».
- «Eres increíble».
- «Eres fuerte».
- «Tienes una mente aguda».

- «Tienes gran corazón».
- «Dios te hizo alegre».
- «Dios te hizo audaz».
- «Dios te hizo misericordioso».

En un momento de corrección cuando, por ejemplo, la habitación de su hijo está desordenada (¡otra vez!), en lugar de decir: «*Eres un patán*», puede decir: «*Dios te hizo ordenado y organizado; tu dormitorio no refleja la persona que Dios te hizo*». La primera frase puede ser un hecho, pero la segunda es verdadera.

Puede corroborar la declaración de la verdad diciendo algo como: «*Dios te hizo ordenado y organizado, pero si no mantienes tu habitación ordenada, te estás apartando de la forma en que Él te hizo. Como soy tu padre, tengo que entrenarte, así que te ayudaré a tomar decisiones consecuentes con la forma en que Dios te diseñó*».

La Palabra nos recuerda: «*Padres, no provoquéis a ira a vuestros hijos, sino criadlos* [tiernamente, con amorosa bondad] *en disciplina y amonestación del Señor*» (Efe. 6:4). Colosenses 3:21 enfatiza el alto costo de exasperar a nuestros hijos: «*Padres, no exasperéis a vuestros hijos, para que no se desalienten*».

Muchas veces, las palabras negativas y las críticas que se dicen a un niño son un patrón generacional; criamos a nuestros hijos y nos comunicamos con ellos de la misma manera que nuestros padres se comunicaron con nosotros. Si este es su caso, comience confesando el pecado generacional, así como su participación en él por la costumbre y la cultura familiar. Pida al Señor que le perdone y le llene con Su Espíritu y Su poder para cambiar. Es posible romper viejos hábitos y patrones, y transformar las relaciones y la atmósfera de su hogar para que esté lleno de paz y honor.

Bendiga El Potencial De Su Hijo

Bendecir a los niños consigue mucho más que alentarles en su vida diaria. Oí de una pareja que experimentó esto con su hijo, Stephen, que no estaba aprobando en la escuela y había suspendido el séptimo grado el año anterior. Llevó a casa las primeras notas con todas las calificaciones suspendidas en el segundo año del mismo grado.

Los padres se reunieron con los maestros de la escuela, intentaron castigar a Stephen e incluso ayudarle a cambiar ofreciéndole recompensas si obtenía buenas calificaciones. Se aseguraron de que Stephen asistiera a la escuela dominical y a la iglesia todas las semanas. A pesar del esfuerzo sincero, nada daba resultado. Desesperados, pidieron oración a su pastor. Quizás Dios haría algo para cambiar la vida de Stephen.

El pastor se ofreció a enseñarles los principios bíblicos de la bendición y ellos aceptaron de buena gana. En seguida aplicaron la Palabra de Dios de declarar bendiciones sobre la vida de Stephen, imponiéndole las manos diariamente y declarando el éxito y propósito de Dios en cada esfera de su vida y educación. Las actitudes de Stephen comenzaron a cambiar. Completó el séptimo grado con altas calificaciones, pasó al octavo grado y lo cursó con éxito.

Otros padres que han vivido casos similares han visto a sus hijos avanzar en la escuela después de aprender a declarar bendiciones sobre ellos. Su diligencia en impartirles bendiciones valió la pena para ellos y sus hijos.[5]

El último acto de Jesús para con sus discípulos fue declarar una bendición sobre ellos. Justo antes de ascender en las nubes, Jesús levantó las manos, a la manera de los sacerdotes, y declaró vida, paz y éxito sobre ellos.

Jesús había comunicado la idea de bendecir a Sus discípulos en Mateo 5:13-14, diciéndoles: «*Vosotros sois la sal de la tierra… vosotros sois la luz del mundo*». En ese momento, Sus discípulos no eran esas cosas, no obstante, Jesús les dijo que lo eran. Algunos de ellos tenían serios defectos de carácter, que Jesús sabía llevaría tiempo corregir. Eran hombres no regenerados que no entrarían en el gozo del nuevo nacimiento hasta después de la crucifixión y resurrección de Jesús. El declarar activamente esta clase de éxito en sus vidas fue una bendición que se hizo realidad.

La gran verdad con respecto a las bendiciones es ésta: no dependen del carácter o la condición de quien las recibe. El verdadero valor de una bendición no guarda relación con el rendimiento o la apariencia externa de una persona. No conviene confundir la palabra bendecir con la palabra alabar, porque los que más necesitan ser bendecidos son a menudo los que menos alabanzas merecen.

La bendición a los hijos no depende de sus logros, sino que les habilita para ser lo que Dios quiere que sean. Esta es la razón por la que impartimos bendiciones «por fe». Hebreos asegura que «por la fe» Isaac bendijo a Jacob y a Esaú, y «por la fe» Jacob bendijo a los hijos de José (véase Hebreos 11:20-21).

Consecuencias De Retener Las Bendiciones

¿Por qué retenemos las bendiciones? A decir verdad, muchos padres no bendicen a sus hijos porque ellos mismos nunca fueron bendecidos. Nunca fue su modelo. Quizás la regla familiar cuando eran niños fue: «será mejor no expresar palabras de amor y aceptación».[6]

Hemos permitido entrar un ladrón en casa que nos roba momentos preciosos para bendecir a nuestros hijos con palabras de aceptación. Los padres suelen estar demasiado distraídos o cansados para declarar palabras preciosas sobre sus hijos y las oportunidades que se presentan son excluidas por horarios ocupados. Anteriormente, en este mismo capítulo, notamos que Dios ordenó a los sacerdotes que bendijesen al pueblo. Como creyentes del Nuevo Testamento, todos somos sacerdotes (véase 1 Pedro 2:9). En este sentido, retener bendiciones va contra parte de la naturaleza esencial del propósito como cristianos, el «sacerdocio del creyente». Retener las bendiciones a sus hijos puede:

- causar desánimo, rechazo y ofensa.
- dar oportunidad al enemigo para engañar e influir en su hijo a través de la percepción de rechazo, sentimientos heridos, condenación, amargura y odio a sí mismo.
- desalentar el deseo de complacer a los padres o servir en el hogar
- bloquear la liberación del favor de Dios
- robar su alegría y la de sus hijos

- crear una atmósfera en el hogar espiritual y emocionalmente fría
- dar una imagen falsa de Dios
- negarles la seguridad y la afirmación que necesitan para crecer emocionalmente fuertes y saludables
- robar a su familia las bendiciones generacionales.[7]

Es posible que se sienta un poco inadecuado para bendecir a sus hijos, al igual que Randy (el padre que mencionamos anteriormente) se sintió al principio. Puede que sienta que no tiene lo que necesita para hacerlo. Tal vez se sienta culpable porque cree que no ha sido muy buen padre. No deje que esto le impida orar y declarar libremente bendiciones sobre sus hijos hoy. Al igual que una bendición no depende de la condición del que la recibe, el cumplimiento de la misma no depende de quien la da.[8]

Nunca Es Demasiado Pronto Ni Demasiado Tarde

Desde el momento en que nuestros hijos son bebés en el útero, y durante toda su vida, podemos orar, declarar bendiciones e inculcar un sentido de propósito y destino divino en ellos. Podemos ayudarles a descubrir sus dones y llamados espirituales y prepararles para llevar a cabo una transformación santa en las esferas de influencia a las que son llamados, para que, a su vez, ellos influyan en sus propios hijos y nietos a través de muchas generaciones. «*Su descendencia será poderosa en la tierra; la generación de los rectos será bendita*» (Salmo 112:2).

Introducir el concepto de la bendición en su familia le ofrece una excelente oportunidad para que sus hijos sepan que no siempre ha sabido lo que tenía que hacer, que ha cometido algunos errores. Si es así, confiéselo humildemente y bendígales. Puede incluso decir a sus hijos adultos: «Ojalá hubiera hecho esto cuando eran más jóvenes, pero quiero hacerlo ahora». He visto gran sanidad y reconciliación en las familias mediante este sencillo acto.

Las palabras vivificantes tienen poder para reconstruir vidas, familias y culturas rotas. Puede que sus hijos vuelvan a usted días o años más tarde y le cuenten cómo al declarar bendición sobre ellos comenzó a abrir su corazón. Cuando bendice a sus hijos establece e inicia un ciclo de bendición: ellos, a su vez, transmitirán la bendición a sus hijos, y éstos a los suyos, y así sucesivamente. Así que no abandone el corazón de sus hijos, sino bendígales. ¡Las generaciones venideras cuentan con usted!

Activación: Bendiga A Los Niños Que Conforman Su Vida

1. Aparte un tiempo para bendecir individualmente a los niños que hay en su vida. Use las abundantes promesas de Dios que hay en la Biblia para escribir bendiciones para cada uno. Mientras bendice a cada niño, póngale las manos sobre la cabeza y pronuncie en voz audible palabras vivificantes. Tenga en cuenta que Dios está con usted en este

acto de capacitación para dar a luz gozo y nueva vida en unas relaciones tan preciosas.

2. Pida al Señor que le revele las habilidades y los dones naturales y espirituales de cada niño. Dios dota a los niños, desde el vientre, con las facultades que les asistirán en Su llamado y vocación.

3. Busque formas de bendecir y declarar palabras vivificantes a los niños que hay en su vida con regularidad. Las siguientes sugerencias pueden causar un efecto positivo en el pensamiento, sensibilidad, hábitos, acciones y desarrollo del carácter de sus hijos pequeños:

- Lea las Escrituras en voz alta a su bebé en el útero. La Palabra de Dios nutre el espíritu del niño por nacer e implanta un amor por la Palabra de Dios en su bebé.

- Ore por la salvación de su hijo desde el momento de la concepción, declarando que conocerá al Señor a una edad temprana.

- Ore la Palabra de Dios por sus hijos todos los días. (Consulte «Reclamen las promesas de Dios para sus hijos», en el Apéndice, para obtener más orientación).

- Comparta lo que Cristo dice acerca de los niños y pronuncie sus palabras vivificantes en voz audible a sus hijos regularmente. ¡Afirme e invoque a menudo todo su potencial en Cristo!

- Lea y cante la Palabra de Dios, canciones de cuna, poemas y cuentos con ideales cristianos a sus pequeños.

- Memorice las promesas de Dios junto con sus pequeños.

- A medida que sus hijos aprenden a leer, incúlqueles la lectura de la Palabra de Dios diariamente y enséñeles a declarar Sus promesas sobre sus vidas.

Cultivar estos hábitos en sus hijos a una edad temprana inculca un amor de por vida por Dios y Su Palabra y construye familias fuertes y saludables.

Oremos

Querido Padre Celestial, por favor perdóname por las veces que mis palabras han causado dolor en lugar de sanidad y bendición a mi hijo/hijos. Deseo con todo mi corazón hablar palabras vivificantes a mis hijos y buscar oportunidades creativas para bendecirlos diariamente. Hoy bendigo a mis hijos con la seguridad de Tu amor y el mío. Los bendigo con un corazón tierno y un espíritu sensible para escuchar Tu voz y tomar las decisiones correctas. Bendigo a mis hijos con favor, protección y aliento. Los bendigo con buenos hábitos de estudio, deseos de aprender y buena memoria para que les vaya bien en la escuela o centro educativo. Los bendigo con amigos justos que deseen vivir vidas santas y morales. Los bendigo con Tus mejores maestros, tanto en su vida espiritual como académica. Decreto que mis hijos serán enseñados por el Señor, que su paz sea grande, y su serenidad imperturbable (véase Isaías 54:13). Amén.

Capítulo 9

Ore Con La Familia De Dios: Obtenga Resultados Exponenciales Cuando La *Ekklesia* Se Mantiene Unida

Otra vez os digo, que si dos de vosotros se pusieren de acuerdo [es decir, concuerdan, están en armonía] en la tierra acerca de cualquiera cosa que pidieren, les será hecho por mi Padre que está en los cielos. Porque donde están dos o tres congregados en mi nombre [reunidos como seguidores Míos], allí estoy yo en medio de ellos (Mateo 18:19-20).

A medida que pone los cimientos de su familia, ¿por qué no considera expandir su altar de oración a los hermanos y hermanas de la familia de Dios? Jesús llama a Su Iglesia «familia», miembros de Su casa (véase Efe. 2:19). De hecho, pensándolo bien, de eso está compuesta la Iglesia: somos una comunidad de familias.

La Iglesia primitiva se reunió en las casas, como grupos de familia, durante más de tres siglos. Eran una comunidad espiritual dedicada a cultivar relaciones profundas y duraderas, a la oración y estudio de la Palabra de Dios. En el libro de los Hechos, vemos que los seguidores de Cristo exhiben muchas características de una familia. «*Todos los creyentes se dedicaban a las enseñanzas de los apóstoles, a la comunión fraternal, a participar juntos en las comidas (entre ellas la Cena del Señor), y a la oración*» (Hechos 2:42, NTV).

Jesús se refirió a Su Iglesia como los «llamados» (véase Mateo 16:18). Probablemente sepa que la palabra Iglesia viene del griego original *ekklesia*. En los días de los apóstoles, no significaba edificio, organización o servicio religioso, sino un grupo de personas que ejemplificaban los valores, mostraban el poder de Dios e influían en su comunidad.

Cuando las familias actuaban como comunidad de oración en su rol de *ekklesia*, experimentaban poderosa sinergia y mayor autoridad sobre las tinieblas que intentaban envolver a la familia y la nación. Los grupos de oración en familia fueron el catalizador de algunos movimientos significativos de Dios. Uno de ellos fue el que comenzó en el «aposento alto». Este es el primer relato que tenemos de creyentes que se reunieron después de la crucifixión, resurrección y ascensión de Jesús al Cielo.

Estaban en Jerusalén, buscaban a Dios con un solo corazón, orando diariamente y atizando su pasión por Dios para cumplir la promesa de Joel 2:28-32 que Jesús les había dicho. En ese «altar de oración» buscaron a Dios para recibir poder para cumplir lo que les había mandado hacer. Es fácil pasar por alto que eran familias que se reunían: María, la madre de Jesús y sus hermanos, los discípulos y ciertas mujeres, esposas y hermanas (véase Hechos 1:14). El «aposento alto» era un lugar familiar donde presumiblemente se celebraban regularmente reuniones de oración.

Estos 120 amigos y familiares de Jesús sabían que probablemente sufrirían la misma suerte que su Señor: persecución, prisión, e incluso crucifixión por parte de las autoridades religiosas y romanas. Anhelaban coraje y fuerza para obedecer a su Maestro. Recordando las palabras del mismo Jesús, Quien les mandó a permanecer juntos y esperar hasta que fueran «investidos de poder de lo alto», se reunieron en el «aposento alto» (véase Lucas 24:49; Hechos 1:8,13).

Cuando el Espíritu vino, manifestó Su Presencia como «lenguas de fuego» del Cielo, cayendo sobre las familias que se encontraban en aquel lugar. La llama en el altar de sus oraciones era una demostración de que, tal como Jesús les había prometido, serían revestidos de fuerza y poder: «*Cuando hubieron orado, el lugar en que estaban congregados tembló; y todos fueron llenos del Espíritu Santo, y hablaban con denuedo la palabra de Dios*» (Hechos 4:31).

Esta *ekklesia* recién empoderada, que poco antes estaba formada por creyentes asustados, débiles e inseguros, fueron bautizados con valor y fuerza del «Espíritu Santo y fuego».[1] El Espíritu Santo los transformó en una planta de energía espiritual.[2] No se quedaron dentro de «las cuatro paredes» del templo. Salieron a las calles: resucitaron muertos, sanaron enfermos, expulsaron demonios y predicaron con tal autoridad y audacia que miles se convirtieron a Jesús, entrando cada día en el Reino de Dios.[3]

Perseverando Unánimes

La Iglesia de los Hechos no fue engañada. No hubo «desequilibrio» en su oración conjunta e insistente en el tiempo. Hechos 2:46 enfatiza: «*perseverando unánimes cada día en el templo*». Pedro y Juan se dirigían a una reunión de oración cuando sanaron al cojo (véase Hechos 3), una reunión de oración en la que «*alzaron unánimes la voz a Dios*», provocando literalmente un temblor en la casa que estaban orando (véase Hechos 4:24-31). Pedro fue liberado milagrosamente de la prisión gracias a las oraciones de los santos reunidos en un hogar. ¡En todos los casos, el Señor liberó un poder exponencial cuando oraron unidos como *ekklesia* (véase Mateo 18:19)!

El pastor Jim Cymbala, del famoso Tabernáculo de Brooklyn, en Nueva York, comparte una historia sobre el poder de la oración unánime con la familia de Dios en su libro *Fuego vivo, viento fresco*:

> Nuestra hija mayor, Chrissy, fue una niña modelo desde pequeña, pero a los dieciséis años comenzó a desviarse. Admito que tardé en darme cuenta de ello: estaba demasiado ocupado con la iglesia, iniciando congregaciones filiales, supervisando proyectos y todo lo que implica el ministerio.
>
> Mientras tanto, Chrissy no solo se alejó de nosotros sino también de Dios. Con el tiempo, incluso dejó la casa.

Ore Con La Familia De Dios

Hubo muchas noches en las que no sabíamos dónde estaba.

A medida que la situación se agravaba, lo intenté todo. Le rogué, le supliqué, la regañé, discutí con ella, traté de controlarla con el dinero. Mirando hacia atrás, reconozco la insensatez de mi actitud. Nada funcionó; se endureció cada vez más.

Finalmente, llegó una confrontación divina. Dios me impresionó fuertemente que dejara de llorar, gritar o hablar a nadie de Chrissy. No debía conversar con nadie más que con Dios. Es más, supe que no debía tener más contacto con Chrissy, ¡hasta que Dios actuara! Debía solo creer y obedecer lo que tantas veces había predicado: clama a Mí en el día de la angustia, y te responderé.

Comencé a orar con fe intensa y creciente como nunca antes. Independientemente de las malas noticias que recibiera sobre Chrissy, seguí intercediendo y, de hecho, comencé a alabar a Dios por lo que sabía que pronto haría. No hice ningún intento de verla. (Mi esposa) Carol y yo sobrellevamos la época navideña con verdadera tristeza.

Llegó el mes de febrero. Un frío martes por la noche, en la reunión de oración, hablé de Hechos 4, acerca de la iglesia que invocaba con denuedo a Dios frente a la persecución. Nos entregamos a un tiempo de oración, clamando todos al Señor simultáneamente.

Un ujier me entregó una nota. Una joven que me parecía espiritualmente sensible había escrito: «Pastor Cymbala, siento que debemos interrumpir la reunión y orar todos por su hija».

Yo dudé. ¿Era correcto cambiar el curso de la reunión y centrarla en mi necesidad personal?

Pero algo en la nota le daba un aire de veracidad. Poco después tomé el micrófono y conté a la congregación lo que acababa de pasar. «La verdad», dije, «aunque no he hablado mucho al respecto, es que mi hija anda muy alejada de Dios en estos días. Ella piensa que arriba es abajo y abajo es arriba; que la oscuridad es luz, y la luz es oscuridad. Pero sé que Dios puede alcanzarla, así que voy a pedir al pastor Boekstaaf que nos guíe en oración por Chrissy. Unamos nuestras manos en el santuario».

Para describir lo que sucedió en los minutos que siguieron, solo puedo emplear una metáfora: la iglesia se convirtió en una sala de partos.

Surgió un gemido, una resolución desesperada, como diciendo, «satanás, no tendrás a esta chica. Quítale las manos de encima, ¡va a volver!» Yo estaba abrumado. La fuerza de la multitud, invocando a Dios, casi me derribó, literalmente.

Cuando llegué a casa por la noche, Carol me estaba esperando despierta. Nos sentamos a la mesa de la cocina a tomar café y le dije:

—Se acabó.

—¿Qué se ha acabado? —me preguntó.

—Se acabó con Chrissy. Tendrías que haber estado en la reunión de oración esta noche. Si hay un Dios en el Cielo, toda esta pesadilla por fin se ha terminado.

Treinta y dos horas más tarde, el jueves por la mañana, cuando me afeitaba, Carol abrió repentinamente la puerta con los ojos muy abiertos.

—¡Ve abajo! —me espetó—. Chrissy está aquí.

—¿Chrissy está aquí?

—¡Sí! ¡Baja!

—Pero Carol, yo...

—Solo baja —insistió—. Eres tú a quien quiere ver.

Me limpié la espuma de afeitar y bajé las escaleras, con el corazón desbocado. Al doblar la esquina, vi a mi hija en el piso de la cocina... sollozando. Cautelosamente pronuncié su nombre:

—Chrissy.

Me agarró del pantalón y derramó toda su angustia.

—Papá, papá, he pecado contra Dios. He pecado contra mí misma. He pecado contra ti y contra mamá. Por favor, perdóname.

Mi visión estaba borrosa, por las lágrimas, como la de ella. La levanté del suelo y la abracé De repente, se echó hacia atrás.

—Papá —dijo sobresaltada—, ¿quién ha estado orando por mí? ¿Quién ha estado orando por mí? —Su voz era como la de un abogado en un interrogatorio.

—¿Qué quieres decir, Chrissy?

—El martes por la noche, papá, ¿quién estuvo orando por mí? —No respondí, así que ella continuó:

—A medianoche, Dios me despertó y me mostró que me dirigía hacia un abismo sin fondo, me llevé un susto de muerte. ¡Me asusté tanto! Me di cuenta de lo dura, equivocada y rebelde que he sido.

—Pero al mismo tiempo, fue como si Dios me rodeara con sus brazos y me abrazara con fuerza. Evitó que me deslizara más y me dijo: 'Todavía te amo'.

—Papá, dime la verdad, ¿quién estuvo orando por mí el martes por la noche?

Mirando a sus ojos enrojecidos reconocí a la hija que habíamos criado.

El regreso de Chrissy al Señor se hizo evidente de inmediato. En el otoño, Dios le abrió una puerta, milagrosamente, y se matriculó en un instituto bíblico, donde emprendió estudios y comenzó a dirigir grupos de música y un gran coro, al igual que su madre. Hoy es esposa de un pastor en el Oeste, con tres hijos maravillosos.[4] (Consulte «Oren por sus seres queridos para que conozcan a Cristo», en el Apéndice, para obtener más orientación sobre cómo orar por su propia familia).

En estos tiempos, tal y como experimentaron los Cymbala, nosotros, como creyentes en Jesús, debemos reunirnos como *ekklesia* y aprovechar la fe, la fuerza, el coraje y la autoridad ilimitada que las oraciones del Cuerpo de Cristo pueden lograr. Colectivamente se activa la fuerza del acuerdo que Jesús nos prometió cuando dijo:

> *De cierto os digo que todo lo que atéis en la tierra, será atado en el cielo; y todo lo que desatéis en la tierra, será desatado en el cielo. Otra vez os digo, que si dos de vosotros se pusieren de acuerdo en la tierra acerca de cualquiera cosa que pidieren, les será hecho por mi Padre que está en los cielos. Porque donde están dos o tres congregados en mi nombre, allí estoy yo en medio de ellos* (Mateo 18:18-20).

Creo que uno de los grandes cambios que actualmente está teniendo lugar en el Cuerpo de Cristo tiene que ver con la función de operar a un alto nivel como Su *ekklesia*: «casa de oración», entendiendo la autoridad que tenemos para atar y desatar, abrir y cerrar puertas espirituales, así como para publicar decretos del Cielo, como representantes del Reino de Cristo en la tierra.

Mi amiga Germaine Copeland ha experimentado esto durante muchos años. Escribió su libro más exitoso, *Oraciones de gran provecho*, a partir de los testimonios de las mujeres que asistían a la reunión de oración semanal que se hacía en su casa. Se reunían para orar ferviente y unánimemente por las familias de las demás, incluyendo algunas de las peores circunstancias imaginables.

Afortunadamente, ellas previeron llevar un diario de peticiones de oración donde anotaban sorprendentes respuestas a las mismas para que aprendiéramos de esas oraciones hoy día. Al darse cuenta de cómo una reunión de oración, de dos horas, una vez por semana, podía acarrear tantos resultados milagrosos, Germaine recopiló relatos en sus libros que han inspirado a millones a experimentar el poder exponencial que se libera cuando se ora *conjuntamente*.

Comparo este fenómeno con la forma en que se puede encender un gran fuego. Cada uno de nosotros en la familia de Dios es como un carbón encendido. ¡Cuando nos reunimos en oración, nos encendemos unos a otros hasta que todos juntos nos convertimos en un enorme horno ardiente! (Si desea iniciar una reunión de oración en su hogar como la de Germaine, consulte «Consejos para dirigir una reunión de oración de grupo pequeño», en el Apéndice).

Movimientos De Oración Históricos Que Liberaron El Poder De Dios.

Me encanta leer relatos históricos de cómo Dios usa poderosamente a Su Iglesia, la *ekklesia*, en todo el mundo cuando se une en oración y en la autoridad del Reino para obtener resultados exponenciales.

Un grupo de creyentes bastante conocidos que experimentó esto fueron los moravianos, en la Europa del siglo XVIII. Huyendo de la persecución religiosa en Moravia, su país de origen, se establecieron en el pueblo de Herrnhut, Alemania, en 1722. (*Herrnhut* significa «la guarda del Señor»). El conde Nikolaus Ludwig von Zinzendorf, propietario de las tierras en las que construyeron su pueblo, tenía solo 22 años cuando les concedió asilo.

Ore Con La Familia De Dios

Poco después, formó un grupo llamado la «banda de los cuatro hermanos» con tres de sus amigos que se reunían frecuentemente para orar y estudiar la Biblia, con lo que provocaron un pequeño avivamiento regional. Imprimieron y distribuyeron grandes cantidades de Biblias, libros, folletos y recopilaciones de himnos. Después de establecerse el grupo, Zinzendorf se mudó a Herrnhut con su esposa e hijos.

Sin embargo, la vida no fue del todo pacífica. Una vez que los moravianos habían escapado de las presiones externas de su anterior estado, la lucha y la división comenzaron a desgarrarlos desde dentro. Cargaban con profundas heridas a causa de la persecución y parecían discutir por todo.

Como Zinzendorf era un hombre de Dios, no soportaba las luchas internas. Finalmente, el 12 de mayo de 1727, la comunidad alcanzó un punto de inflexión cuando Zinzendorf pronunció un discurso de tres horas sobre la bienaventuranza de la unidad de los cristianos. Toda la congregación respondió con arrepentimiento y un avivamiento barrió por el pueblo.

El verano de 1727 fue muy especial para la comunidad moraviana, cuyos corazones volvieron a unirse en el vínculo del Espíritu Santo. Pero el Señor apenas estaba comenzando. A principios de agosto, Zinzendorf y otros 14 hermanos moravianos pasaron una noche conversando y orando. Poco después, el 13 de agosto, la comunidad vivió un día de derramamiento del Espíritu Santo sobre la congregación; fue su «Pentecostés». ¡Una experiencia que cambiaría a los moravos y al mundo!

No solo experimentaron los moravianos un avivamiento ese verano; el avivamiento se instaló como elemento permanente en la cultura y el gobierno de su comunidad. Antes de finalizar el mes, 24 hombres y 24 mujeres se comprometieron a orar cada día, por turnos de una hora, los siete días de la semana. ¡Esa «intercesión diaria» se prolongó ininterrumpidamente durante 100 años!

Un pasaje bíblico por el que Dios les habló en ese tiempo fue Levítico 6:13: «*El fuego arderá continuamente en el altar; no se apagará*». Al obedecer la Palabra de Dios, los moravianos crecieron espiritualmente y se convirtieron en una comunidad como nunca se había visto. Sin duda, fue su versión de la «ciudad de Dios sobre una colina» desde la cual Su luz brillaría en todo el mundo. Los moravianos fueron de los primeros protestantes en salir de Europa para llevar la Palabra de Dios a grupos étnicos no evangelizados. Todo lo que hacían los moravianos comenzaba en oración, estaba bañado en oración y se llevaba a cabo en oración. El Evangelio que predicaron al mundo llevó reforma, y muchas naciones atrapadas en las tinieblas fueron alumbradas como resultado del movimiento misionero que iniciaron los moravos.[5]

Tres principios guiaron la obra de los moravianos. James Goll los comenta en su libro *El arte perdido de la intercesión*:

1. Desarrollaron unidad relacional, comunidad espiritual y vida sacrificial.
2. El poder de su oración persistente produjo una pasión y un celo divinos por la misión evangelizadora a los perdidos.
3. Vivían según el lema: «Nadie trabaje a menos que alguien ore»; se comprometieron corporativamente a la oración sostenida y a ministrar al Señor.[6]

El Avivamiento Del Pajar

He aquí otro relato realmente alentador de cinco jóvenes estudiantes universitarios cuya oración conjunta, ¡desató todo un movimiento!

Los cinco jóvenes, que se autodenominaban «los hermanos», estudiaban en el Williams College, Massachusetts, en 1806. Experimentaban una hostilidad tan intensa contra los cristianos en el campus que temían que se supiera que estaban orando, e incluso mantenían ocultas las actas de sus reuniones. Al punto que salían del campus e iban a una granja cercana para orar por un avivamiento en su universidad.

Mientras oraban y conversaban sobre avivamiento y teología del servicio misional en una arboleda cercana al río Hoosac, se desató una fuerte tormenta. Para protegerse, se refugiaron en el pajar de una granja cercana, ¡donde después siguieron intercediendo! Esa «reunión de oración en el pajar» provocó un avivamiento en el campus de Williams College y, no mucho después, un poderoso movimiento misionero en los Estados Unidos de repercusión mundial. ¡Todo gracias a cinco jóvenes que oraban en un pajar!

Empresarios Prenden Un Avivamiento Mediante La Oración

Siempre me sorprende cómo se desatan grandes avivamientos a consecuencia de la fe y la obediencia de un pequeño grupo de personas comunes y corrientes que se reúnen para orar. Uno de mis favoritos es el caso de Jeremiah Lanphier y la pequeña reunión de oración que inició para empresarios y hombres de negocios en la ciudad de Nueva York.

El 23 de septiembre de 1857, Estados Unidos se hallaba sumido en una profunda decadencia espiritual, política y económica. El país necesitaba oración desesperadamente. Mucha gente estaba desilusionada con las cosas espirituales, y con la espiral descendente de la economía estadounidense.

Lanphier había puesto un letrero en el edificio de la iglesia de la calle Fulton que decía: *Reunión de oración de 12 a 1 en punto: deténgase 5, 10, 20 minutos o la hora completa, si dispone de tiempo.* Jeremiah esperó diez minutos, y después, otros diez. A las 12:30 no había llegado nadie. Entonces, a las 12:30, un hombre entró en la sala, luego otro, y otro más, hasta que finalmente seis hombres estuvieron orando. Nada extraordinario sucedió en tan poco tiempo, pero los hombres decidieron volver a reunirse a la semana siguiente.

Esa vez acudieron 20 hombres; a la semana siguiente, 40. Debido al interés creciente en la oración, Jeremiah resolvió que debían reunirse para orar todos los días. A los pocos días de tomar esa decisión, un pánico financiero golpeó al país. Los bancos empezaron a cerrar y la gente a perder sus trabajos. Las condiciones eran óptimas para un avivamiento. Al poco tiempo, 3.000 personas se agolpaban ante el edificio Fulton para orar. A los seis meses acudían 20.000 personas, por lo que al menos otras 20 reuniones unidas dieron comienzo en la ciudad. Los movimientos de oración colectiva de este tipo comenzaron a extenderse rápidamente por todo el país y en distintos lugares del mundo.

Los empresarios dirigían las reuniones, no los líderes de la iglesia, y el enfoque era la oración, no la predicación. Las reuniones en sí eran informales: cualquier persona podía orar, dirigir un himno o dar una palabra de testimonio, con un límite de cinco minutos por cada participante.

El año 1858-59 fue llamado *Annus Mirabilis* —Año de los Milagros—. Durante ese tiempo, grandes líderes como Dwight Moody, Andrew Murray y William Booth se lanzaron al ministerio y nació un gran movimiento misionero. Cuando Jeremiah y sus cinco compañeros de oración comenzaron su tiempo de vigilia, no tenían idea de que Dios llevaría aproximadamente un millón de personas a Su Reino a través de sus esfuerzos.

La reunión de oración de Fulton Street es solo uno de los miles de ejemplos de multitudes que acuden a Cristo durante los Grandes Avivamientos desatados por la oración colectiva.[7] Estos casos sirven para inspirar lo que Dios puede hacer con un pequeño grupo de creyentes que oran. Él está buscando personas comprometidas que pueda usar para lograr grandes cosas. A lo largo del tiempo, las oraciones de la *ekklesia* han producido grandes resultados, como la de la Iglesia primitiva, la de los moravianos, la de los estudiantes en el pajar, la de Jeremiah Lanphier y su pequeña reunión de oración en el centro de la ciudad, y muchas más. Dios usa este tipo de altares de oración para ocupar territorio, hacer avanzar Su Reino, quebrantar los poderes de las tinieblas e invitar Su presencia redentora. Esta estrategia de crear altares de oración en la familia de Dios, tomada directamente de la Palabra de Dios, ha encendido avivamientos en naciones enteras. Y lo mejor de todo es que Dios todavía usa esta estrategia para traer avivamiento hoy en día.

Activación: Amplíe Su Círculo De Oración Familiar

1. Considere invitar a otra familia a su casa para una comida seguida de un tiempo de oración. Tal vez, alguien que esté pasando por un momento difícil o tenga una necesidad importante. O invite a algunos amigos que también se preocupan por el avivamiento en su comunidad y nación. También pueden orar por los hijos, las familias, los matrimonios, el lugar de trabajo, etc., de los demás.

2. Si esa opción no es posible, por ahora, busque un compañero de oración (o dos o tres) que puedan reunirse con usted en un parque, una cafetería con reservado privado, o en una de sus casas.

3. Tómese un tiempo por adelantado para orar por las personas con las que se va a reunir; invite al Espíritu Santo a estar presente en su tiempo de oración y pídale que guíe sus oraciones para que sean realmente efectivas, y obtengan resultados poderosos (véase Sant. 5:16). Es esencial buscar a alguien fuera de su propia casa, que forme parte de la familia de Dios, con quien unir fuerzas para orar de común acuerdo como Su *ekklesia*.

Oremos

Gracias, Señor, por el regalo de la familia, y poder ser parte de la familia de Dios. Gracias por el privilegio de reunirnos de común acuerdo, con la seguridad de que cuando clamamos a Ti, conforme a Tu Palabra, Tú nos respondes. Te pedimos perdón por no haber vivido como Tu *ekklesia*, Tus llamados, y no haber caminado en la unidad y autoridad que Tú nos has llamado a ejercer juntos. Nos comprometemos a acercarnos a otros en el Cuerpo de Cristo, orar con ellos y por ellos, e interceder unidos por las necesidades de nuestra comunidad y nación. Declaramos que la familia de Dios se está uniendo en oración ferviente, los pródigos están volviendo a casa, gran número de personas están viniendo a Cristo y otro Gran Despertar espiritual se está desatando en nuestra nación. Amén.

TERCERA PARTE

CAMBIA EL CLIMA ESPIRITUAL — ATRAIGA LA PRESENCIA DE DIOS

Capítulo 10

Cómo Crear Una Atmósfera Vivificante En Su Hogar: Viva Bajo Un Cielo Abierto

El Señor abrirá los cielos, su generoso tesoro, para derramar a su debido tiempo la lluvia sobre la tierra, y para bendecir todo el trabajo de tus manos. (Deut. 28:12, NVI).

Estoy segura de que lo ha sentido. Usted entra en una tienda o en casa de alguien e inmediatamente percibe algo difícil de explicar, ya sea paz y alegría u oscuridad y pesadez. En cada hogar, lugar de trabajo, vecindario, e incluso país, se respira una atmósfera espiritual o clima predominante únicos.

Sin embargo, la mayoría dirá que es la atmósfera del hogar la que más nos impacta. El mundo entero resplandece cuando todos se llevan bien, aman a Dios y unos a los otros. Cuando el «clima» de la familia es cálido y lleno de fe, es probable que sus miembros estén contentos, confiados y conectados. Por otro lado, si permitimos que los desafíos de la vida nos endurezcan el corazón, abrimos la puerta para que la atmósfera del hogar se torne hostil, distante o egoísta. Cuando esto sucede, solemos experimentar una atmósfera acorde de infelicidad y de conflicto.

¿Qué ambiente se respira en su casa? Piénselo un momento. Imagínese luego cómo sería si la atmósfera de su hogar fuese más acogedora y llena del Espíritu. ¿Cómo sería si pudiera experimentar una atmósfera sobrenatural, viva, con la presencia, la voz y las promesas de Dios? ¿Y si pudiera experimentar la atmósfera del Cielo en su hogar?

Quizá piense que ¡esto no es posible! No obstante, Jesús nos instó a orar de esta manera: «*Venga tu reino, hágase tu voluntad, en la tierra como en el cielo*» (Mateo 6:10, NVI). ¿Cómo iba Jesús a pedirnos que orásemos por algo que no es posible alcanzar? En pocas palabras, Jesús nos dijo que pidiéramos que el Cielo viniera a la tierra porque esa es Su perfecta voluntad.

El Cielo En Su Hogar

En mi libro *Niños empapados de oración*, hablo de una ocasión en la que el Cielo descendió y tocó nuestro hogar, y lo digo literalmente. Cuando Nicole era pequeña, Hal a menudo se ausentaba en viajes misioneros. En tales ocasiones, especialmente por la noche, Nicole se sentía inquieta. Extrañaba a su papá y la sensación de seguridad que proporcionaba a nuestra casa. Varias veces permaneció despierta toda la noche, temerosa, llorando. Al día siguiente estaba tan cansada que tenía que dejarla en casa sin ir a preescolar. Así que, cuando Hal se dispuso a hacer un viaje de dos semanas a Filipinas, nos preocupamos por el efecto que el viaje podría causar en Nicole.

Durante esos primeros días, nuestro altar familiar solía tener lugar por la noche, junto a la cama de Nicole. Adorábamos al Señor, orábamos por Nicole, y luego ella oraba por sus amigas y las cosas que había en su corazón. La noche antes de que Hal partiera de viaje, nos reunimos en su habitación y nos arrodillamos junto a su cama. Hal habló de la protección de Dios y la labor de los ángeles cuidadores. Después oró por ella y leyó en las Escrituras: «*a sus ángeles mandará acerca de ti, que te guarden en todos tus caminos*» (Salmo 91:11). Tomamos autoridad sobre el miedo que estaba atacando a nuestra hija y pedimos que tuviera la seguridad absoluta de que su Padre Celestial la estaba cuidando.

Al día siguiente, después de partir Hal para Filipinas, Nicole se despertó y me contó algo espectacular que le había sucedido por la noche.

—¡Los ángeles vinieron anoche, mami! —Exclamó.

—¿De verdad? —le cuestioné—. Cuéntame, ¿qué sucedió?

—Estaban parados en círculo alrededor de mi cama, cantando ¡el cántico más hermoso que jamás he escuchado!

—¿Qué aspecto tenían? —le pregunté.

Sin la menor vacilación, Nicole me contó detalladamente lo que había visto: «Algunos eran tan altos que sus cabezas tocaban el techo, y otros tan pequeños *como yo*. Algunos tenían sandalias, otros cinturones de oro. ¡Y eran *tan* blancos y luminosos, mami!»

Si yo no hubiera tenido una experiencia similar unos 15 años antes, podría haber sido tentada a descartar la experiencia de Nicole como imaginación infantil. En una etapa de mi vida en la que me sentía asustada y completamente sola, me desperté y encontré un enorme ser angelical de pie sobre mí. Era tan alto que su cabeza tocaba el techo, y sus alas eran blanquísimas, de una blancura nunca vista. ¡Irradiaba una luz tan brillante que no podía mantener los ojos abiertos! La presencia del Señor llenó mi ser y sentí una tremenda sensación de paz y protección de Dios.

Nicole nunca más lloró la ausencia de su padre ni volvió a tener miedo cuando él estaba ausente. Fue clara evidencia de que cuando Hal y yo oramos la Palabra de Dios y pedimos al Señor que enviara a Sus ángeles para proteger a Nicole, no fue algo meramente simbólico: ¡Él realmente lo hizo! Cuando ejercemos autoridad espiritual en oración, echamos el miedo fuera de nuestro hogar e invitamos la presencia de Dios y su protección tangible a morar en él.

Es ciertamente posible que la atmósfera tangible del Cielo toque la tierra, especialmente en nuestros hogares.

LOS DOS REINOS

La Biblia afirma que hay dos reinos en el mundo: un reino físico y un reino espiritual invisible. El hecho de que no podamos ver o, a menudo, percibir el reino espiritual no significa que sea menos real. Influye en nuestra vida y en la atmósfera de nuestros hogares más de lo que nos damos cuenta. Afecta a la mente, la voluntad y las emociones de todos los que allí viven. Una atmósfera espiritual, buena o mala, tiene poder para conformar nuestras vidas: inspirar o confundir, afirmar o rechazar, alegrar o entristecer, potenciar o restringir.

¿Cómo puede usted saber qué atmósfera está influyendo en su hogar? Eche un vistazo a las Escrituras: «*El reino de Dios no es comida ni bebida, sino justicia, paz y gozo en el Espíritu Santo*» (Rom. 14:17). Es decir, cuando el Espíritu de Dios es bienvenido en su hogar, puede experimentar una atmósfera de paz y gozo que influye en todos los que viven en él. ¡Es una promesa increíble!

Por otro lado, la Biblia nos informa que tenemos un enemigo espiritual que viene a «*robar, matar y destruir*» (Juan 10:10). Cuando estas fuerzas oscuras actúan en el hogar, nos roban la paz, la economía y la salud. Se empeñan en destruir la alegría y la unidad de la familia.[1]

Podemos sentir impotencia para cambiar una atmósfera hostil y pensar que *¡así son las cosas!* Pero no es así. Las tormentas se pueden calmar instantáneamente, como presenciaron los discípulos cuando Jesús reprendió una recia tormenta en el mar (véase Mateo 8:23-27). También se puede calmar un clima espiritual tormentoso.

COMBATE DE DOS FUERZAS

En las capas de la atmósfera que rodea la tierra, hay iones cargados positiva y negativamente. También los hogares pueden albergar una atmósfera negativamente cargada, potenciada por las fuerzas del mal, o cargada positivamente, cuya fuente es Dios, Su Palabra y Su Espíritu Santo.

Una atmósfera cargada negativamente se caracteriza por:

- derrotismo y falta de propósito o visión para el futuro
- confusión, caos y desorden
- aceptación de la actividad demoníaca
- control, dominio o altivez
- cansancio y desesperanza
- un espíritu en bancarrota o una mentalidad de carencia o escasez
- distancia espiritual y emocional
- sentimientos heridos y resentimientos
- egoísmo o rebelión
- orgullo o actitud arrogante
- amargura, ira y cinismo
- inseguridad, temor o ansiedad
- falta de impulso o vida espiritual
- impureza, irreverencia o vulgaridad
- enfermedades generalizadas y persistentes

Una atmósfera cargada positivamente se caracteriza por:

- esperanza y visión para el futuro
- un sentimiento de orden que produce paz
- atmósfera de «cielo abierto» (el poder sobrenatural de Dios se siente y se palpa)
- libertad y libre albedrío
- confianza y expectativa en Dios—nada es imposible, ningún problema es demasiado grande para Él

- iel provisión y bendición económica de Dios
- confianza, conexión, calidez y apoyo mutuo
- compasión, paciencia y perdón
- respeto, honor e integridad
- valor e importancia de todos
- unidad, armonía y estímulo
- perspectiva triunfante con fuerza y resistencia
- animados con la presencia, la voz y las promesas de Dios
- espíritu puro que honra a Dios
- salud, curación y plenitud

Así pues, ¿cómo disipar la oscuridad de nuestros hogares? ¿Cómo acoger la presencia y el poder del Espíritu Santo?

USTED TIENE AUTORIDAD PARA CAMBIAR LA ATMÓSFERA

Dutch Sheets es un autor exitoso, conferenciante y anteriormente fue pastor. Él comparte esta historia sobre la autoridad que uno tiene, en oración, para cambiar la atmósfera de su hogar:

> Cuando el Señor comenzó a hablarme de cambiar la atmósfera, empezó tratando conmigo sobre la atmósfera de mi hogar. Una mañana había tensión en casa. Disfrutamos de una excelente relación familiar, todos nosotros. No peleamos, mi esposa Ceci y yo no discutimos. Hablamos las cosas. Nos aseguramos de honrarnos mutuamente de este modo. Pero estábamos un poco

nerviosos, irritados y frustrados. Sin ninguna razón. Teníamos que cuidar la lengua y andarnos con cuidado. Finalmente, dije, más o menos para mí mismo, Señor, *no me gusta la atmósfera que hay aquí en este momento.*

Claramente, como siempre que escucho al Señor, Él me dijo: «Bueno, ¿por qué no la cambias?» Me dijo: «Tú estás a cargo de tu casa. Tienes autoridad aquí. Comienza a declarar Mi Palabra y declara que la tensión tiene que salir, y la paz de Dios llenará tu casa».

Pensé: *voy a probarlo y ver qué pasa.* No reuní a la familia a orar porque no quería que supieran lo que estaba haciendo. Quería saber si aquello iba a ser algo sobrenatural o si solo era cosa de un esfuerzo más. Por tan solo cinco minutos, anduve por la casa y, en voz baja, oré y declaré en silencio. En pocos minutos, no horas, sino minutos, la atmósfera cambió. Todos cantaban felices y conversaban unos con otros. Era como si hubieran tomado su taza matutina de café: todos cambiaron. Me dije: *¡qué bien, esto es bastante bueno!*

Dutch nos presenta un excelente modelo práctico que podemos aplicar. Todos los días libramos varias batallas espirituales relacionadas con la familia, el lugar de trabajo y la comunidad. No obstante, al final hemos de recordar que *la guerra es por la presencia de Dios.* ¿Quién va a regir la atmósfera en un lugar determinado? ¿El Espíritu Santo u otro espíritu?

Hal y yo hemos tenido experiencias similares. Una vez, pensaba cancelar nuestras vacaciones familiares. No porque no quisiera ir o porque no necesitáramos desesperadamente escapar. No habíamos tenido unas vacaciones de verdad en más de cinco años.

Es que no sentía que escapar nos fuera a ayudar en nuestra situación. Yo estaba agotada. Y, sinceramente, estaba enojada porque lo mejor que podíamos hacer era alejarnos tres días cuando lo que realmente necesitábamos eran tres semanas.

Habíamos trabajado muchas horas y gestionado el estrés de unos ingresos limitados en el ministerio. Cada vez que entraba en casa, veía la alfombra desgastada, accesorios viejos y una ducha que goteaba.

Admito que mis tiempos de oración eran secos, sabía que no estaba conectando bien con el Señor, ¡o con Hal! El vaso que tenía en la mano no parecía medio lleno, estaba casi vacío.

De modo que, cuando unos buenos amigos nos ofrecieron su hermosa casa en la playa de Rocky Point, México, aceptamos. Quedarse en casa no iba a ser la mejor opción.

Cuando desperté la primera mañana en aquella casa, contemplé la hermosa playa de arena y el agua azul brillante por la ventana de la habitación. Hal se había despertado antes y ya estaba arriba, disfrutando de la vista. Pero tuve la sensación de que yo no la podía disfrutar. Una nube oscura de depresión me cubrió. Instantáneamente, el Espíritu Santo me mostró que la pesadez que se cernía sobre mí se debía a la ira y la falta de perdón que, inconscientemente, albergaba hacia Hal y hacia el Señor.

«Señor, lo siento mucho», oré. «He estado tan ocupada que olvidé darte las gracias por todo lo que has hecho por mi familia y por mí. Por todo lo que me has dado, mi buen esposo, nuestra hija, y cómo has protegido a nuestra familia. Lo siento mucho por mi enojo y falta de agradecimiento. Por favor, perdóname».

Al instante, sentí como un lavamiento espiritual sobre todo mi ser. Levanté las manos al Señor, le acogí en mi corazón y en el hogar donde nos alojábamos. Oré: «En este día invito a la atmósfera del Cielo, la gloria de Dios, para que venga a mi vida, mi matrimonio, mi familia y fin de semana en Rocky Point». Luego, con valentía, dije a las fuerzas de oscuridad que me acosaban que yo y mi familia estábamos fuera de sus límites.

Sabía que algo había cambiado.

Subí, le conté a Hal lo que había sucedido y dirigimos el corazón al Señor y uno al otro con nueva expectativa.

No intentamos que sucediera nada; solo dejamos que Dios nos revelase Sus planes cada día. Por la tarde, nos sentábamos en el balcón durante horas escuchando música de adoración, llena de unción y absorbiendo vistas y sonidos del océano. A medida que ola tras ola salpicaba la playa, olas poderosas del Espíritu de Dios, como tsunamis, nos iban saturando. Nuestras mentes, cuerpos, emociones y espíritus volvieron a la vida.

Adoramos, oramos, reímos y jugamos. Y no podíamos dejar de hablar de la majestad, el poder y la bondad de Dios.

De camino a casa, recordamos el fin de semana; ¡qué gran diferencia habían hecho tres cortos días! Estábamos experimentando la realidad de la Palabra de Dios: «*Ahora bien, el Señor es el Espíritu, y donde está el Espíritu del Señor, allí hay libertad*» (2 Cor. 3:17, NVI).

El domingo por la noche, cuando llegamos a casa, nada había cambiado, pero todo había cambiado. No noté la alfombra ni las cosas que había que arreglar. Me invadió un espíritu de agradecimiento. Di gracias a Dios por tener un techo sobre la cabeza, una cama para dormir esa noche, una ducha caliente y algo que comer. Le di gracias por proporcionarnos muebles y ropa. Sabía que Él también proveería para todas nuestras necesidades. El vaso que tenía en la mano no solo estaba lleno; desbordaba.

Tal como Dutch descubrió el poder de la autoridad del creyente en Cristo para declarar y vencer el espíritu de pesadumbre, Hal y yo redescubrimos el poder del perdón y la gratitud que abre los cielos y nos permite experimentar Su gracia, gloria y misericordia. Por el contrario, si nos aferramos a la falta de perdón, seguiremos experimentando una atmósfera espiritual hostil o depresiva, un «cielo cerrado». Probablemente Jesús se refería a este principio cuando dijo:

> *Y cuando estéis orando, perdonad, si tenéis algo contra alguno, para que también vuestro Padre que está en los cielos os perdone a vosotros vuestras ofensas. Porque si vosotros no perdonáis, tampoco vuestro Padre que está en los cielos os perdonará vuestras ofensas* (Marcos 11:25-26).

Vemos que el apóstol Pablo hace una promesa similar con el recordatorio de que el Señor siempre está cerca; El experimentar o no Su paz y Su presencia, depende mucho de la actitud del corazón. Pablo nos recuerda que hemos de mantener una actitud de confianza y acción de gracias:

Que vuestra amabilidad sea evidente a todos. El Señor está cerca. No os inquietéis por nada; más bien, en toda ocasión, con oración y ruego, presentad vuestras peticiones a Dios y dadle gracias. Y la paz de Dios, que sobrepasa todo entendimiento, cuidará vuestros corazones y vuestros pensamientos en Cristo Jesús (Filipenses 4:5-7, NVI).

Ya sea que se reúna con Dios solo o en familia, pídale que le muestre cómo atravesar la oscuridad para entrar en la presencia de Dios y en comunión con Él. Cuando esto sucede diariamente, creamos una atmósfera en la que nosotros y toda la familia deseamos vivir. Nuestros hogares se convierten en un altar para el Señor, un lugar de adoración, oración y servicio sacrificial que atrae la presencia y el poder de Dios.

¿Qué llaves espirituales nos ha dado el Señor para abrir los cielos?

- Perdón: soltar y dejar atrás ofensas y heridas (véase Mat. 6:14-15; Efe. 4:31-32; Col. 3:13; 1 Juan 1:9)
- Arrepentimiento: cambiar el corazón y la mente y alejarnos de las cosas que no concuerdan con la verdad de Dios (véase Prov. 28:13; Hech. 3:19; Rom. 12:2; 2 Ped. 3:9)
- Adoración: honrar y adorar a Dios, nuestro Padre, y a Cristo Jesús, nuestro Señor (véase Salmo 95:6; Lucas 4:8; Col. 3:16-17)
- Acción de gracias: recordar y dar gracias a Dios por todo lo que ha hecho por nosotros (véase Salmo 100:4; 107:1; Efe. 5:20)

- Oración: pedir a Dios que intervenga y provea para cubrir toda preocupación (véase Juan 15:7; Fil. 4:6; 1 Tes. 5:17)
- Generosidad: diezmar fielmente, dar sacrificialmente, compartir todo lo que tenemos en obediencia al Señor (véase Mal. 3:10; Lucas. 6:38; 2 Cor. 9:6-8)
- Guerra: declarar la verdad de la Palabra de Dios sobre nuestra situación. Cerrar la puerta a la influencia de satanás sobre nuestra vida y familia (véase 2 Cor. 10:4-5)

Muchos creyentes no abordan este último punto, la guerra, en su vida diaria. ¡Tiene que recordar que está en guerra! Dos reinos se enfrentan por el dominio de su vida y su familia.

Jesús mismo no estuvo exento de la guerra. Fue «tentado por el diablo» en el desierto y se le presentaron oportunidades atractivas. Tres veces le fue ofrecido a Jesús todo lo que el mundo podía darle, pero en cada ocasión respondió valientemente al diablo que se alejara: «¡*Vete, satanás!*» (Mat. 4:10).

Jesús confrontó totalmente la autoridad de satanás en la Cruz del Calvario, despojó al diablo del derecho de usar su poder y habilidades contra nosotros (véase Col. 2:15). Tenga la seguridad de que él irrumpirá e intentará robar, matar y destruir nuestras vidas, familias y felicidad. Debemos ejercer autoridad sobre las obras y el poder del diablo tal como lo hizo Jesús, con la *verdad* de la Palabra de Dios. La Palabra es la Verdad que nos libera de las mentiras y engaños del diablo y disipa las tinieblas que él trata de esparcir (véase Juan 8:31-32, 36; Rom. 8:1-2; Gál. 5:1). Cuando lo hagamos, el increíble poder de Dios respaldará nuestra autoridad y Su Palabra.

Jesús lo expresó de esta manera: «*He aquí, os doy potestad de hollar serpientes y escorpiones, y sobre toda fuerza del enemigo, y nada os dañará*» (Lucas 10:19). Esto significa que no tenemos que someternos a circunstancias y entornos hostiles en nuestra vida y familia; podemos cambiar la atmósfera de nuestros hogares o dondequiera que vayamos caminando en la autoridad que Dios nos ha dado.

Activación: Evalúe La Atmósfera Espiritual En Su Hogar

1. Hagamos una evaluación. Vuelva a examinar las atmósferas espirituales positivas y negativas enumeradas anteriormente en este capítulo.

2. Considere qué características describen mejor la atmósfera de su hogar. Anótelas en su diario de oración. Estas características señalan las áreas que necesitan su atención en oración y autoridad espiritual.

3. Pidan al Señor que les ayude a todos a dejar de lado las palabras y actitudes negativas y abrazar deliberadamente el perdón y las actitudes piadosas. Puede que desee escribir un pacto familiar. Este es un documento guía de cómo la familia va a vivir y se va a relacionar unos con otros y debe ser firmado voluntariamente por padres e hijos. (Consulte «Cómo redactar un pacto o convenio de familia», en el Apéndice, para obtener más orientación).

4. Invite y dé la bienvenida al Espíritu Santo para que sature su hogar con la atmósfera del Cielo: ¡paz, gozo y justicia!

Una forma de hacer esto es con música de adoración y oración que honre a Dios.

OREMOS

Gracias, Señor, porque no nos dejaste incapacitados sino que, de hecho, nos diste armas espirituales y autoridad para usar en tu poderoso nombre. Te damos gracias, Señor, porque las obras de las tinieblas no tienen influencia ni autoridad para afligirnos o prevalecer contra nosotros o nuestra familia. ¡En cambio, declaramos que nosotros y nuestra familia andaremos en victoria y vida abundante gracias a la vida de Jesús, Su muerte en la cruz y Su resurrección! Y nos has dado la victoria total sobre todas las obras del maligno.

Como creyentes en Jesucristo y en Tu nombre poderoso y victorioso, declaramos que satanás no matará, robará ni destruirá nuestro matrimonio, hijos, salud o provisión, no regirá la atmósfera de nuestro hogar, escuela, lugar de trabajo, o nación.

Proclamamos que viviremos en victoria en una atmósfera de paz, gozo y justicia en el Espíritu Santo. Amén.

Capítulo 11

Encienda El Avivamiento: La Diferencia Que Hace Su Altar De Oración

¡Ve y recorre el país a lo largo y a lo ancho, porque a ti te lo daré!» Entonces Abram levantó su campamento y se fue a vivir junto al encinar de Mamré. Allí erigió un altar al Señor (Génesis 13:17-18, NVI).

Todos vemos un surgimiento de las tinieblas en las naciones, sentimos un deseo desesperado de que Dios se mueva y experimentamos una gran necesidad de clamar en oración. Muchos líderes, padres e intercesores, somos conscientes de que si no vemos un mover de Dios, la devastación y las consecuencias serán insondables. Sabemos que las cosas no pueden continuar por este camino. Necesitamos que haya un avivamiento sustentador y transformador.

En el primer capítulo de este libro compartí una palabra profética que el Señor me dio acerca de mi nación. Me impactó profundamente; no podía creer que lo que estaba diciendo fuera cierto. Las palabras sonaron fuertemente en mi espíritu y casi me caigo: *«¡El avivamiento llegará a los Estados Unidos cuando se restaure el altar familiar!»*. ¡Parecía imposible!

Luego el Señor me mostró una visión de la nación cubierta por una profunda oscuridad. Mientras miraba el cielo oscuro, vi que las casas empezaban a iluminarse donde las familias oraban y adoraban a Dios unidas. La luz estalló y se extendió como fuego hasta que toda la nación ardió con la presencia y el poder del Espíritu Santo.

¿Puede La Oración Y Adoración De La Familia Realmente Cambiar Una Nación?

A lo largo de los años, he llegado a tener un entendimiento más profundo de lo que el Señor me dijo acerca de mi nación: que Su presencia e influencia en el hogar son claves para restaurarla y transformarla. Ha aumentado la revelación que he recibido del altar de oración y el impacto que provoca.

Al estudiar la historia, se ve que la caída de toda nación siempre comienza con la decadencia de la familia. Pero hay que tener en cuenta que la desintegración de la familia empieza cuando el Dios de la Biblia está ausente de la vida familiar, y la oración y la adoración dejan de ser prioritarias en el hogar.[1] Esto es bastante profundo. ¡Quiero asegurarme de que no lo deje pasar por alto!

Piénselo de esta manera: si las naciones están formadas por distintos grupos de personas, y los grupos están formados por familias, las familias constituyen la nación. El estado de una nación refleja simplemente el estado de la familia.

Cada problema complejo que aqueja a una nación se puede resumir diciendo: si el Dios de la Biblia no es seguido, honrado y reverenciado en el hogar, los cimientos del hogar se derrumbarán, y la nación también.

En los Estados Unidos, el cristianismo está en declive. Ha caído un 12% en la última década. Actualmente, el 63% de la nación dice que es cristiana.[2] Pero solo el 6% de los estadounidenses se atiene a la cosmovisión bíblica.[3] Y, lamentablemente, menos de la mitad del 1% de cristianos entre 18 y 23 años tienen una cosmovisión bíblica.[4]

Al buscar la raíz del problema, el famoso investigador estadounidense George Barna nos da la clave. Dice que son «los padres a quienes la Biblia asigna la responsabilidad principal de moldear la cosmovisión de sus hijos», y que ésta comienza a desarrollarse antes de cumplir los dos años.[5] «Muy pocos padres cristianos prestan atención deliberada al desarrollo de la cosmovisión de sus hijos».[6] Las familias se distraen lejos del altar familiar por la comodidad del entretenimiento que llega directamente a su sala de estar.[7]

¿Puede Jesús Arreglar Esto?

El ascenso y caída de las naciones, la transición de la santidad al declive moral, es observable, tanto bíblica como históricamente, a lo largo de los siglos. Pero Jesús, conociendo la condición humana, nos dejó una estrategia, y si seguimos Su plan, sencillo pero profundo, la nación será restaurada. Su plan es concéntrico: comienza en el hogar y avanza hacia la nación y las naciones de la tierra. Como señaló Jesús: «*Recibiréis poder, cuando haya venido sobre vosotros el Espíritu Santo, y me seréis testigos en Jerusalén, en toda Judea, en Samaria, y hasta lo último de la tierra*» (véase Hechos 1:8). A lo largo del libro de los Hechos, vemos que los discípulos llevaron las Buenas Nuevas de Jesucristo a hogares y comunidades, lo cual puso el mundo de cabeza. Esta misma estrategia dará resultado hoy.

Veamos cómo la estrategia de Jesús cambia una nación.

La Historia De Uganda

En el capítulo 2 hablé acerca del avivamiento que estaba teniendo lugar en Uganda, un país que experimentó violencia severa, persecución, SIDA y graves problemas sociales. Cuando los cristianos ugandeses levantaron altares familiares, se resolvieron muchos de esos problemas. Dios les dijo que la transformación de la nación comenzaría en el hogar: «Todo hogar cristiano debe levantar un altar de oración».

El Señor comunicó a un líder ugandés clave: «Yo llamo a cada cristiano a orar. Que cada familia cristiana comience a orar unida y que se ore en todas las iglesias. Que los cristianos comiencen a orar en sus lugares de trabajo. Al hacer esto, me darás base legal para actuar en tu país».[8]

Los ugandeses no habían oído la expresión «base legal». El Señor les mostró que no era algo nuevo. Les recordó la estrategia que dio a Abraham para tomar la tierra de Canaán, la cual, los ugandeses denominan «Estrategia de Abraham». El Señor dijo a Abraham que mirara al norte y al sur, al este y al oeste. «*¡Ve y recorre el país a lo largo y a lo ancho, porque a ti te lo daré!*» (Gén. 13:17, NVI).

El Señor dijo a los ugandeses lo mismo: «Dondequiera que vayan por el país, levanten altares de oración e invoquen el nombre del Señor». Así obró Dios también a través de la Iglesia primitiva para ocupar territorio, hacer avanzar Su Reino, quebrantar el poder de las tinieblas y atraer Su presencia.

Mi amigo Chris era pastor de jóvenes en Florida. A través de su iglesia, entabló contacto con el movimiento «altares de oración» de Uganda. Después, se le pidió que fuera director de medios. Chris emprendió un viaje para comprender el poder transformador de los altares de oración. Para ello, viajó a Uganda con la tarea de entrevistarse con más de 30 personas, para oír de primera mano cómo había comenzado el avivamiento. Había visto videos del avivamiento que estaba teniendo lugar allí y de eventos en estadios donde miles de personas adoraban y oraban por la nación. Había visto incluso, en un evento celebrado en un estadio, al presidente Yoweri Museveni, proclamar que Uganda era una nación cristiana.

Chris informó que al entrevistarse con esas personas, y cada una de ellas referirle por separado la importancia del altar familiar, se hizo evidente que esa era la base donde había comenzado el avivamiento. Le compartieron casos de matrimonios restaurados, hijos pródigos que volvieron a casa y miembros de familia liberados de adicciones. La presencia de Dios estaba en todas partes, en cada área de sus vidas, en el trabajo y la nación.

Un día, hablando con Chris, me compartió una historia de lo que había sucedido mientras se hospedaba como invitado en casa de un funcionario de alto rango del gobierno de Uganda. El hombre, a quien llamaré Adroa, tenía un horario exigente. Se levantaba temprano y llegaba tarde a casa por la noche. Él y su esposa tenían ocho hijos, cuyas edades oscilaban entre los cinco y los veinte años. A pesar de los obstáculos, la familia apartaba un tiempo prolongado de oración todas las noches.

Chris relata que fueron tiempos de oración ferviente y maravillosa adoración. Una noche regresó a casa exhausto por el desfase de horario y un largo día de filmación. Abrió discretamente la puerta y entró en su dormitorio con la esperanza de que nadie le molestara ni pidiera salir. Necesitaba dormir desesperadamente. Mientras Chris yacía en la cama, oyó que el altar de oración comenzaba a sonar. La presencia del Señor comenzó a impregnar la habitación. El aroma de la adoración se elevaba cada vez más. Un instante después, Chris ya no pudo permanecer en su habitación. Saltó de la cama y se dijo: «¡Tengo que ser parte de esto!»

Desde sus hogares, los cristianos ugandeses ampliaron los altares de oración e invitaron al Espíritu Santo a sus lugares de trabajo. Muchos ugandeses dueños de negocios establecieron altares de oración y vieron a sus trabajadores venir a Cristo. Los dueños y gerentes de negocios testifican ahora del cambio acaecido en sus prácticas comerciales. Mientras procuran atraer Su presencia, algunos descubren que necesitan actuar con más integridad, y otros, que necesitan tratar mejor a sus empleados. Estos cambios han causado gran impacto en otras empresas e industrias.

Un productor de televisión oyó testimonios de personas de todo el país que experimentaban la presencia de Dios al establecer altares de oración en sus lugares de trabajo. Oyó casos de cómo Dios estaba cambiando industrias para que fueran más éticas, bendiciendo negocios y trabajadores, y cómo la presencia de Dios repercutía notablemente en la productividad y los beneficios.

Este hombre empezó a reunirse con su equipo para leer la Biblia durante 30 o 40 minutos y luego dedicar un tiempo para alabar al Dios del que habían leído en las Escrituras. Mientras hacían esto, no pasó nada; no experimentaron evidencia de la presencia tangible de Dios. Entonces, el productor se humilló y preguntó: «Dios, ¿por qué otros lugares de trabajo experimentan Tu presencia y nosotros no?»

Después de buscar al Señor por un tiempo, Dios le mostró que los programas de televisión que estaban produciendo no le glorificaban. Entonces, el productor dijo a los actores, guionistas y otras personas que trabajaban en el estudio que tenían que crear materiales que glorificaran más a Dios. El equipo volvió a leer las Escrituras y a alabar al Señor juntos. Esta vez la gente se convirtió, sus corazones cambiaron y se unieron a la visión de este hombre que honraba a Cristo. El altar de oración en el trabajo, incluso, empezó a causar un impacto en la industria.[9]

En casi todos los lugares de trabajo en Uganda, en cada empresa y corporación, se percibe actualmente que hay compañerismo. Esta hermandad no existía hace unos años, pero hoy en día, en casi todos los lugares a los que uno va, halla compañerismo entre miembros de distintas iglesias, congregaciones y denominaciones que se reúnen bajo el nombre de Jesús en su lugar de trabajo. Así se empezó a orar en el despacho del presidente, en el Banco de Uganda y otros bancos; se dio cabida a la oración entre los banqueros y abogados. Los funcionarios de la hacienda pública levantaron un altar de oración que cambió totalmente la Autoridad Tributaria de Uganda. Hoy se ofrecen servicios religiosos en todos los hoteles importantes de la ciudad. Ya se trate del Parlamento, o de la cámara estatal, todos los sectores se han visto afectados.[10]

Cuando mi esposo Hal visitó Kampala, capital de Uganda, hace algunos años, se sorprendía al entrar en un banco o supermercado y oír música de adoración cristiana, y al visitar la zona turística, ver dueños de tiendas sentados, leyendo abiertamente sus Biblias. Me dijo: «¡Por dondequiera que iba, la gente hablaba de Jesús!»

ALTARES DE ORACIÓN EN EL ESTE DE ASIA

Esta misma transformación está ocurriendo en otros países. El este de Asia está experimentando un cambio mediante la oración y adoración continua para buscar y atraer la presencia de Dios. Les contaré el caso de un empresario a quien llamaré Nathan, que era jefe de división de una fase del proceso de fabricación, en una planta de teléfonos móviles. Tenía un nivel de responsabilidad considerable. Cuando Nathan preguntó al Señor qué podía hacer por Él en el trabajo, el Señor le respondió: «Tan solo invítame a entrar». ¡Eso fue lo que hizo Nathan!

Para ese tiempo, solo el 2 o 3 por ciento de la población del país era cristiana. Aunque la oficina de Nathan era predominantemente budista, inició una reunión conjunta con otros seguidores de Cristo. Leyeron la Biblia en voz audible, adoraron al Señor y oraron por su lugar de trabajo. Al poco tiempo, otros trabajadores se les añadieron y aceptaron a Cristo.

Tal como hacían en casa, en su altar familiar, los trabajadores preguntaron a Dios si había algo que le impedía moverse en la planta. ¡El Señor les mostró que *ellos* eran parte del problema! Estaban inflando las cifras de los informes semanales a petición del jefe. Nathan arriesgó su trabajo; dijo a su jefe que no podía seguir haciéndolo.

El jefe le dijo: «¡Entonces pide a otro que lo haga por ti!»

A lo cual, Nathan respondió: «Tampoco puedo hacer eso».

Nathan no entendía por qué no era despedido, pero Dios le preservó el trabajo. Cuando Nathan se arrepintió por mentir y apoyar la manipulación financiera, el Espíritu de Dios comenzó a moverse en la oficina y cada vez más trabajadores creían en Jesús. Al principio solo fueron unos pocos, luego el grupo creció a diez, veinte, treinta y hasta 50 personas que se reunían para adorar a Jesús.

Mientras Nathan oraba, el Espíritu Santo le convenció de otro pecado. La fábrica retenía a los trabajadores hasta entrada la noche para cumplir sus cuotas, con lo que las familias estaban sufriendo. No tenían tiempo para ir a casa y guiar a sus familias a un estilo de vida en el que buscaran juntos a Dios.

Nathan volvió a arriesgar su puesto de trabajo permitiendo que sus empleados se fueran a casa a las 6 de la tarde y no les obligó a hacer horas extraordinarias.

Mientras tanto, la productividad en el departamento de Nathan siguió aumentando, y llegó a ser el que más producía en la planta. Un día, mientras él y otros trabajadores oraban y leían la Biblia durante la pausa del almuerzo, el jefe se acercó y les dijo: «¡Díganme qué hacen aquí! Son el departamento de mayor producción de la fábrica. Quiero saber qué hacen para conseguir estos resultados». Nathan le explicó que oraban y honraban a Dios, y que Dios bendecía su trabajo.

«No importa lo que hagan, queremos que lo compartan con los demás jefes de departamento», le dijo el jefe a Nathan. «Hemos programado una reunión para que comparta con ellos durante una hora». En la reunión, Nathan hizo una presentación de cinco puntos. Primera diapositiva: «*El comienzo de la sabiduría es el temor del Señor*» (Prov. 9:10, NVI).[11] Última diapositiva: Jesús es la solución a todos nuestros problemas.

Las iglesias llegaron a la convicción del Espíritu Santo de que necesitaban ayudar a su congregación a establecer un estilo de vida de oración y adoración en sus familias. Una iglesia en Taiwán, con aproximadamente 1.500 miembros, comenzó a enseñar acerca del altar de oración personal y cómo el propio corazón es el primer altar que debe construirse. La iglesia comenzó a equipar e instruir a la congregación sobre cómo ministrar al Señor, hacer que la Palabra de Dios ocupara el centro de sus vidas y atraer la presencia de Dios para que no se apagara el fuego en sus corazones. El Señor les dio la visión de que por lo menos el 60% de la congregación estableciera la oración familiar y la adoración en sus hogares. El liderazgo oró por este objetivo y se levantaron altares de oración familiar en las casas. Esa iglesia luchó contra los obstáculos, desafíos y limitaciones de tiempo que se interponían, y experimentó muchos avances y transformación de vidas, matrimonios y familias.[12]

Hubo testimonios de matrimonios cambiados, miembros de familia extendida siendo llevados a Cristo, saliendo del budismo o del culto ancestral, todo debido a la presencia de Dios en sus hogares. Compartieron cómo los vecinos fueron ganados para Cristo y los niños comenzaron a arder por el Señor.

Los testimonios del cambio en esa iglesia fueron tan notorios que otras iglesias de los alrededores solicitaron su ayuda para levantar también altares de oración para sus familias. Esto es solo la historia de una iglesia, pero hubo centenares de iglesias. En tres años se levantaron altares de oración y adoración en las diecisiete provincias del país. El ambiente en las iglesias, familias y comunidades comenzó a cambiar y se volvió más propicio para el Evangelio. El cambio fue tan evidente que otros líderes cristianos fuera de Taiwán: Corea del Sur, Hong Kong, Malasia y China continental, tomaron nota.[13]

El Fuego Transformador Del Avivamiento

Juntos hemos visto historias y revisado modelos de avivamiento transformador. Si usted desea ver los mismos resultados en su nación, ¿qué cosas o principios debe quitar y aplicar en su propia vida y familia?

Reconocer que estamos en una guerra cultural

Es esencial entender que nosotros y nuestras familias no luchamos contra razón humana e ideologías culturales, sino que libramos una batalla espiritual contra filosofías humanistas y sistemas de creencias. Nuestra arma más poderosa es la Verdad de la Palabra de Dios, de modo que para ganar la guerra cultural, usted y yo hemos de desarrollar el hábito y la disciplina de pensar todas las cosas desde un enfoque bíblico.

Una de las mentiras más efectivas de satanás ha sido dividir el sentido de la realidad en dos categorías: sagrada y secular. Muchos cristianos consideran que hay una separación entre lo sagrado y lo secular y aplican las enseñanzas de la Biblia únicamente a lo que creen que es sagrado. Esto incluye principalmente a Dios, la religión, la iglesia, la salvación y la santidad personal. Todo lo demás se considera secular: la política, los negocios, la economía, las artes, el matrimonio y la familia. Respondemos erróneamente a las cuestiones «seculares» siguiendo las tendencias culturales prevalecientes, sus normas y prácticas comúnmente aceptadas, sin tener en cuenta lo que dice la Palabra de Dios acerca de esas cosas. No es posible cambiar o influir en las costumbres culturales si no se vive de manera diferente a como viven los que no conocen a Cristo (véase Rom. 12:2).

Es hora de dejar de dudar entre dos opiniones

Como hemos visto en los casos relatados en este libro, el flujo de las bendiciones de Dios, Su poder y Su presencia se ven obstaculizados cuando comprometemos la Verdad de Dios en cualquier ámbito de nuestra vida. Dios nos llama a renovar nuestra manera de pensar y dejar de vivir tambaleando entre lo que dicta la Palabra de Dios y lo que dicta la cultura imperante. «*Elegid vosotros mismos a quiénes vais a servir*» (Jos. 24:15, NVI). Un corazón dividido conduce a la indecisión, la inconstancia y, finalmente, la destrucción. Recuerde el clamor de Elías: «*¿Hasta cuándo vais a seguir indecisos? Si el Dios verdadero es el S*EÑOR*, debéis seguirlo; pero, si es Baal, seguidle a él*» (1 Reyes 18:21, NVI). ¿Cómo responde usted?

Él es Señor de todo

Dios es el Señor de todo, en el cielo y en la tierra. Su Verdad se aplica a todos los ámbitos de la vida, públicos y privados. Debemos comprometernos a cambiar de mentalidad y reconocer el señorío de Cristo sobre cada esfera de la vida —hogar, trabajo y entretenimiento— y respecto a cada tema cultural. Si deseamos caminar en el favor, las bendiciones y el poder de Dios, debemos abrazar Su Palabra como manual para todos los aspectos de la vida, el matrimonio, la familia, la crianza de los hijos, el éxito en el trabajo y la solución de los problemas del mundo.

La palabra y la presencia de Dios transforman la cultura

Dios no tiene un plan de emergencia. El avivamiento transformador solo vendrá a través de Su pueblo. El avivamiento no cae del cielo sobre nuestras cabezas. Tal como los cables eléctricos reciben transferencia de electricidad cuando están conectados con la fuente de energía, el alinearse con la Palabra de Dios atrae Su presencia y Su poder.

La transformación de la nación comienza en casa

El avivamiento es como un fuego: comienza, se mueve hacia afuera y se propaga. Por eso se le suele llamar «fuego de avivamiento». Esto es lo que creo que vi en mi visión: personas y familias avivadas, andando en la Verdad y los valores de Dios, ¡transformando la nación en el poder del Espíritu Santo!

ACTIVACIÓN: ESTABLEZCA LA ORACIÓN Y ADORACIÓN COLECTIVA

1. Tómense tiempo para reflexionar sobre cómo los seguidores de Cristo pueden influir en la cultura hospedando la presencia de Dios en cada esfera dentro y fuera de sus hogares.

2. Pidan al Señor que les muestre cómo levantar un altar de oración colectivo en su escuela, lugar de trabajo o lugares donde sirven a la comunidad. Tengan en cuenta las normas de la escuela o lugar de trabajo que tendrán que cumplir. Pidan al Señor que les dé favor, les abra puertas y les dé sabiduría para dar los primeros pasos de manera adecuada.

3. Oren por las personas a quiénes pueden invitar a acompañarles para pedir al Espíritu Santo que cambie la atmósfera espiritual y actúe en el corazón de la gente de ese lugar. Invítelos a orar con usted por el plan de Dios y cómo implementarlo.

4. Como familia, oren unos con otros sobre su visión para orar en su escuela o lugar de trabajo. Pidan al Señor que conceda a su familia el poder de su Espíritu Santo para llevar a cabo esta tarea.

5. Pídale que lo use a usted y su familia como catalizadores para propiciar un cambio piadoso en cada esfera de influencia que Él les ha concedido.

OREMOS

Padre Celestial, Tú eres el Dios todopoderoso. El nombre de Jesús está por encima de cualquier otro nombre. Te pido que Tu Espíritu Santo venga sobre mí y me imparta capacidad, poder, fuerza y eficiencia. Dios todopoderoso, capacítame para ser un catalizador para cambiar el clima espiritual de mi escuela, lugar de trabajo y áreas de servicio a la comunidad. Dame sabiduría, favor y claridad para llevar a cabo esta tarea. Declaro que Tu santa presencia habita y hace retroceder la oscuridad en los lugares donde estudio, trabajo y sirvo. En el nombre de Jesús. Amén.

Capítulo 12

Atraiga El Fuego: ¿Qué Es Lo Que Invita La Presencia De Dios?

Y él [Elías] se puso a arreglar el altar del Señor, que estaba en ruinas... en ese momento cayó el fuego de parte del Señor (1 Reyes 18:30,38, RVC).

Volveos a mí, y yo me volveré a vosotros —dice el Señor Todopoderoso— (Malaquías 3:7, NVI).

Cuando yo tenía cuatro años, mi familia se mudó a una casa contigua a la de los Johnson. Su hija, Alida, que tenía mi edad, se convirtió en mi mejor amiga. En aquella época no se cerraban las puertas con llave. Así que, cuando quería visitar a Alida, cruzaba el espacio que separaba nuestras viviendas, abría la puerta trasera y entraba en su casa, de día o de noche. Al pasar frente al salón, a menudo veía a la madre de mi amiga arrodillada, orando ante una silla o junto al sofá. Esto dejó una huella profunda e imborrable en mi tierno corazón. Cuando pienso en el pasado, mi mejor recuerdo de su casa es que se percibía que Dios moraba en ella.

En esos momentos yo sentía la presencia de una Persona invisible e intuía que Él quería que me acercara. Fueron mis primeros encuentros con un altar de oración. Nunca olvidaré la sensación de reverencia y sobrecogimiento que sentía. Los altares de oración son contagiosos porque el Espíritu Santo está presente en tales momentos y lugares. Nunca se sabe qué tan poderosamente influirá su altar personal en los miembros de su hogar, e incluso en las personas que habitan en los hogares cercanos.

A lo largo de la historia, la reconstrucción del altar del Señor siempre ha significado el regreso del pueblo de Dios a Él. Nuestro Señor está buscando corazones completamente rendidos a Él. Las Escrituras afirman que le encontraremos si le buscamos de todo corazón (véase Jer. 29:13). De hecho, es imposible buscar a Dios y no encontrarle. Si nos acercamos a Dios, Él promete acercarse a nosotros (véase Sant. 4:8).

El Señor está celoso de nuestra atención, compañía y relación. Nos dice: «*No adores a ningún otro dios, porque el Señor, cuyo nombre es Celoso, es Dios celoso de su relación contigo*» (Éxo. 34:14, NTV). Él declara: «*Vosotros sois mi pueblo, y yo seré vuestro Dios*» (Jer. 30:22, NVI). El altar siempre ha sido un lugar donde el Señor y Su pueblo se reúnen para establecer y afirmar un pacto entre sí. En el sentido bíblico, un «pacto» es un compromiso entre dos partes, que se hacen una. Dios prometió a Su pueblo escogido ser su Padre, amigo, proveedor y protector. A cambio, Sus «escogidos» le ofrecerían amorosa devoción, respeto y sumisión; permanecerían cerca de Él y le seguirían. Como en una boda, la novia y el novio intercambian votos para amarse, honrarse y apreciarse mutuamente de por vida, el Señor nos hizo la misma promesa ¡a nosotros!, Su novia escogida.

A lo largo de los siglos, el pueblo de Dios ha vacilado entre adorar a Dios y alejarse de Él para perseguir actividades mundanas. A lo largo de toda la Biblia, cuando el pueblo de Dios se alejaba de Él y comenzaba a correr en pos de otros dioses, lo primero que se aprecia es que sus altares (lugares de adoración) eran descuidados y se deterioraban. El pueblo olvidaba que habían hecho un pacto con el Señor, que le pertenecían.

Vemos en las Escrituras que cuando el pueblo de Dios (Israel) se daba cuenta de que iba por mal camino, y había abandonado a su Dios, lo primero que hacía era derribar los altares impíos y reconstruir el altar del Señor, el lugar de relación con Él, lo cual sucedió muchas veces.

El ciclo era más o menos así: el pueblo de Dios adoraba al único Dios vivo y verdadero, y Él los bendecía, les prosperaba y les protegía. En su paz y prosperidad, se olvidaban del Señor y sus corazones se apartaban para adorar a otros dioses (personas, actividades, ocupaciones). Pronto perdían las bendiciones y el favor de Dios, eran vencidos por sus enemigos y caían en cautiverio. Entonces despertaban y se daban cuenta de que ya no estaban bajo la protección y las bendiciones del Señor, que habían pecado y se habían apartado de Él. Cuando se arrepentían y clamaban al Señor, Él se compadecía, les perdonaba y los libraba de su cautiverio. Cuando el pueblo amado de Dios comenzaba una vez más a adorarle, Él los bendecía, les prosperaba y les protegía. Pero no pasaba mucho tiempo hasta quedar atrapados nuevamente en su paz y prosperidad y volverse complacientes. Sus corazones se volvían a apartar. Y el ciclo se repetía (véase el libro de Jueces).

El Mayor Altar: La Cruz Del Calvario

Restaurar el altar del Señor para encender un fuego hoy no consiste en construir un altar físico o alimentar un fuego natural. El altar que Dios desea hoy es un corazón totalmente entregado a Él. Para usted y para mí, como pueblo de Dios, el principal objetivo es restaurar el altar de nuestro corazón para mantener el fuego espiritual de la presencia de Dios. Recuerde que el altar del Antiguo Testamento era solo una figura de lo que vendría a través de nuestra relación con Jesucristo. De hecho, el altar del sacrificio más importante jamás construido, que alteró para siempre la historia, fue la cruz del Calvario. La cruz es el altar de madera, y Jesús, el Cordero de Dios, el sacrificio perfecto, ofrecido para perdón de nuestros pecados y los pecados del mundo.

Cuando yo era niña, e iba a la escuela primaria, y luego secundaria, mi familia y yo asistíamos a una iglesia confesional que creía en la Biblia. Me gustaba ir a las clases especiales los domingos y los miércoles por la noche, para estudiar la Biblia y memorizar las Escrituras. Amaba la iglesia y sentía una estrecha relación con el Señor. Una noche, la maestra nos contó la historia de Lottie Moon, una misionera en China. La maestra nos habló de cómo Dios llama a algunas personas a servirle a un llamado ministerial.

Citó Isaías 6:8: «¿A quién enviaré, y quién irá por nosotros?» Y yo respondí lo mismo que Isaías: «¡Heme aquí, envíame a mí!»

Durante mis años de instituto, mi familia apenas iba a la iglesia. Me junté con un nuevo grupo de amigos, de los cuales casi ninguno era cristiano. Cuando salí de casa para ir a la universidad, ni siquiera recuerdo si llevé una Biblia. Rara vez asistía a la iglesia, y aunque no me alejé totalmente del Señor, mi relación con Él se hizo distante, y fui bastante influida por la vida universitaria y las amistades.

En mi último año, me sentía vacía e insatisfecha, buscaba algo, como si de alguna manera hubiera perdido el camino. El Espíritu Santo comenzó a mostrarme que iba por el camino equivocado. Me dio hambre y deseo de volver a cultivar una relación profunda con el Señor. No estaba cerca de ningún cristiano profundamente comprometido en el campus. Pero un día me acerqué a la capilla de la Unión Estudiantil Bautista. Entré y no había nadie. Miré en derredor y vi que había un pequeño altar en un rincón. Allí me arrodillé y volví a dedicar mi vida a Cristo. Reconstruir el altar es siempre el lugar de retorno al Señor. Cuando empezamos a descuidar los tiempos de oración y adoración a Él, es el primer indicio de que nuestra relación con Jesucristo corre peligro de enfriarse y distanciarse. Restaurar el altar es importante porque demuestra que hemos vuelto a casa para estar con Él.

El Conflicto Entre Dos Altares

Entonces dijo Elías a todo el pueblo: Acercaos a mí. Y todo el pueblo se le acercó; y él arregló el altar de Jehová que estaba arruinado (1 Reyes 18:30).

No me voy a detener a contar nuevamente este conocido relato bíblico pero, les comentaré brevemente el trasfondo de los acontecimientos que concurren en este pasaje de la Escritura. Creo que el Señor nos habla en voz alta a través de este pasaje. Repasemos esta historia y saquemos algunas conclusiones importantes para nuestras vidas, familias y naciones hoy.

Cuando Acab subió al poder en Israel, junto con su malvada esposa, Jezabel, incitó a la nación de Israel a adorar dioses falsos. Incluso se propuso asesinar a todos los profetas del único Dios verdadero. El profeta Elías se convirtió en una auténtica espina para Acab. Dios protegió a Elías de las amenazas asesinas del rey; y por mucho que lo intentó, no pudo ponerle la mano encima. Los acontecimientos de 1 Reyes 18:30 tienen lugar cuando el dramático conflicto entre ambos llega a su clímax.

Siguiendo las instrucciones de Dios, Elías salió de su escondite. Avisó a Acab de que estaba preparado para un enfrentamiento entre el Dios de Israel y Baal, falso dios de los sacerdotes de Acab. Baal es uno de los principales ídolos mencionados en la Biblia. Era el dios del tiempo, la lluvia y la cosecha. La tierra de Israel sufría de una grave sequía, por lo que el descarriado pueblo de Israel empezó a adorar a este falso dios del tiempo, con la esperanza de que lloviera y se obtuviera buena cosecha. Acab envió a todos los sacerdotes de

Baal al encuentro de Elías para confrontarlo en el monte Carmelo. Sería una gran confrontación sobrenatural entre el Dios de Elías y el Baal de Acab. Los profetas de Baal fueron primero. Prepararon un buey como sacrificio y lo colocaron en el altar de Baal. Luego clamaron a Baal, pidiéndole que enviara fuego al altar. Rogaron toda la mañana; rogaron sin parar hasta el mediodía, pero no pasó nada. Los sacerdotes incluso danzaron alrededor del altar. Pero Baal no respondió.

Al mediodía, Elías comenzó a burlarse de ellos. «¡Gritad más fuerte!», les dijo. «¡Estoy seguro de que Baal es dios! Tal vez esté ocupado en este momento. O quizás esté de viaje. Tal vez esté durmiendo. Gritad un poco más alto; puede que tengáis que despertarle». Los profetas de Baal gritaban cada vez más fuerte. Siguieron clamando y gritando con todas sus fuerzas, pero no hubo respuesta.

Cuando finalmente se rindieron, Elías juntó a la gente a su alrededor. «Venid», les dijo, «y ayudadme a reparar el altar del Señor que está derruido». La nación de Israel había dejado de relacionarse con su Dios y se había vuelto idólatra; estaba experimentando el juicio de Dios. Este gran profeta de Dios, Elías, se dispuso a demostrar el poder de Dios para evitar que cayeran en el abismo de la destrucción llamándolos al arrepentimiento y la restauración. Con tal fin, Elías señaló primero que el altar del Señor estaba arruinado y necesitaba ser reparado.

Había un vínculo significativo entre la condición del altar de Dios y el quebranto de la nación. Cuando la nación descuidaba su relación con el Dios de Israel, entraba en una espiral de decadencia. Se producía una caída libre en la hipocresía y la decadencia moral y espiritual hasta alcanzar la apostasía absoluta. Los sacerdotes de

Dios, Sus escogidos y elegidos, caían en las garras de la idolatría cada vez que dejaban de adorar a Dios.

El altar de Dios era el mejor barómetro de la condición espiritual de la nación de Israel. Era el lugar que Dios había escogido para reunirse con el pueblo de Su pacto. Cada vez que el altar es abandonado o descuidado, cada vez que la comunión con el Señor ya no importa, entonces el pecado se hace fuerte en los corazones de la gente y empieza a reinar en la nación. El autor de Proverbios dice que «*La justicia enaltece a una nación, pero el pecado deshonra a todos los pueblos*» (Prov. 14:34, NVI). Es decir, cuando un pueblo mantiene una relación correcta con Dios, Él exalta y prospera a la gente y al país. Lo mismo ocurre con una familia o con un individuo.

Las Escrituras lo confirman una y otra vez. No es posible exagerar lo importante que es mantener una relación correcta con Dios. Es como encender y cuidar el altar (permanecer en adoración y comunión con el Señor).

El altar de los israelitas nunca debía ser abandonado ni el fuego de Dios descuidado. Tenía que ser una parte activa de su vida cotidiana. El altar era un lugar para recordar regularmente a las personas que su principal llamado en la vida era adorar y servir al Señor. En el altar, el sacrificio y el fuego recordaban constantemente a la nación de Israel que no se habían engrandecido por su propio poder. No habían llegado allí por sus propias obras. No debían sus victorias a la fuerza de sus ejércitos ni a la habilidad de sus guerreros. Su grandeza no estribaba en sus recursos naturales ni en la riqueza que pudieran haber acumulado.

¡El fuego en el altar les recordaba que lo que les engrandecía era la presencia de un Dios Santo en medio de ellos! Era Dios y su adoración y servicio a Él lo que les exaltaba sobre otras naciones. Era Dios Quien les había apartado, les proveía y les abría paso cuando no había camino. El altar servía como recordatorio constante de que no debían depender de sí mismos, no debían depender de sus propias fuerzas, sino recordar que la presencia de Dios era su bien más preciado. ¡Cuando descuidaban el altar, descuidaban a Dios!

Esto es tan cierto para nosotros hoy como lo fue para los israelitas. El altar era entonces y es ahora el lugar para encontrarse con Dios y adorarle. El altar sigue siendo el lugar donde disfrutamos de un contacto personal con Dios. La declaración que hace al dedicar su altar, al establecer un tiempo regular para reunirse con Él, le desafiará a darle el primer lugar. Le obligará a poner Su Reino y Su voluntad para su vida por encima de todas las cosas. Este es el tiempo y lugar donde cultiva su relación con Dios; y donde las cosas que obstaculizan su caminar con Él son consumidas en el fuego de Su presencia.

UNA PLATAFORMA PARA QUE DESCIENDA EL FUEGO

La condición del altar es el mejor indicador de si una relación con el Señor es caliente o fría. Los altares de Israel estaban destrozados y a nadie parecía importarle, ni siquiera se percataban de ello. De modo que Elías reunió al pueblo y reconstruyó el altar del Señor que había sido descuidado. Lo reconstruyó con doce grandes piedras, colocando la leña encima de las piedras y cavando una zanja alrededor del altar. Sacrificó el buey y lo colocó encima de la leña.

Entonces Elías hizo algo asombroso: dijo a la gente que llenaran cuatro barriles de agua y los derramaran sobre el altar. Empaparon el sacrificio y la leña, y llenaron de agua la zanja, así como el altar. Como el desafío consistía en que Dios respondiera con fuego, Elías se aseguró de que, cuando cayera el fuego, todo el mundo supiera que solo Dios lo había hecho.

Finalmente, cuando llegó el momento de ofrecer el sacrificio de la tarde, Elías se adelantó. Oró así: «*¡Respóndeme, Señor, respóndeme, para que esta gente reconozca que tú, Señor, eres Dios, y que estás convirtiéndoles el corazón a ti!*» (1 Reyes 18:37, NVI). Y cuando oró, el fuego del Señor cayó del Cielo y consumió el holocausto, la leña, las piedras y el polvo, lamiendo incluso el agua que había en la zanja.

Esto es lo que sucede cuando uno construye su altar a la manera de Dios: crea una plataforma en su vida y familia para que Dios se manifieste poderosamente. Cuando Elías reconstruyó el altar de los israelitas, preparó el escenario para un derramamiento poderoso y milagroso de la presencia de Dios.

¡Atraigan El Fuego De Dios!

Recuerde que Elías reconstruyó el altar con doce grandes piedras. Éstas representaban las doce tribus de Israel, las doce familias de los hijos de Jacob. Podemos establecer la analogía de que los miembros de nuestra familia son las piedras del altar, tanto si está constituida por una sola persona o por muchas. Nos unimos para edificar el altar de adoración y crear una atmósfera que atraiga al Espíritu Santo de Dios.

La madera proporcionaba el combustible para el fuego. La madera representa nuestra fuerza, los dones y el trabajo de nuestra vida. Todo lo que Dios nos ha dado se lo ofrecemos a Él. La Biblia nos recuerda que llegará un día en el que todo lo que hemos logrado en la vida será probado en el fuego. Todo lo impuro, hecho por motivos equivocados, o en nuestras propias fuerzas, será quemado, purificado y refinado. La Biblia lo llama «leña, heno y hojarasca» (véase 1 Cor. 3:12-15). Las cosas temporales pueden parecer importantes y deseables ahora, pero, en última instancia, no duran. Son las mismas cosas que Dios quiere que nosotros y nuestras familias le entreguemos como combustible para el fuego del altar cada vez que venimos a Él.

¿Y qué ocurre con el sacrificio? El sacrificio son los mejores dones que ofrecemos a Dios, consagrados (apartados) para Su propósito especial. Como creyentes, ofrecemos nuestro ser a Dios. Pablo dice en Romanos 12:1: «*Así que, hermanos, os ruego por las misericordias de Dios, que presentéis vuestros cuerpos en sacrificio vivo, santo, agradable a Dios, que es vuestro culto racional*». Puesto que Jesús, el Santo Cordero de Dios, se entregó por nosotros, es razonable y apropiado que nosotros nos presentemos como sacrificio vivo cada vez que nos acercamos al altar. El altar es, pues, un lugar de entrega total. Ofrecemos al Señor todo lo que somos y todo lo que hacemos. *Todo* se lo rendimos a Él.

A menudo, vemos gente que se arrodilla en oración. Esto demuestra su rendición, como hacía la madre de mi amiga en la sala de su casa, como hice yo en la capilla de la Unión de Estudiantes

Bautistas cuando estaba en la universidad, como algunas personas siguen haciendo en algunas iglesias de hoy. Es lo que hizo Jesús en el Huerto de Getsemaní mientras se preparaba para su sacrificio final en la cruz. Esta actitud del corazón es, ante todo, lo que atrae el fuego de Dios: nuestra entrega completa, y la de nuestra familia, de todo corazón, a Él.

ACTIVACIÓN: PONGA TODO EN EL ALTAR

1. Pase tiempo con el Señor y reflexione para responder estas preguntas:
   - ¿Qué necesito rendir al Señor? ¿Qué áreas de mi vida tengo que entregarle?
   - ¿Qué problemas o situaciones en mi familia hay que poner en el altar?

2. La próxima vez que reúna a su familia para orar, pregúnteles: «¿Qué hemos de rendir personalmente al Señor? Nosotros, como familia, ¿qué tenemos que entregar al Señor? ¿Qué montañas hay que solo Él puede mover? ¿Hay algún problema que hemos tratado de solucionar nosotros mismos?»

3. Luego, unidos en oración, pongan estos asuntos sobre el altar, entréguenselos a Él, y pídanle un poderoso derramamiento de Su Espíritu que les capacite para hacer lo que Él les pide y lograr lo que solo Él puede hacer.

OREMOS

Querido Señor, vengo ante Ti tal como soy y te dedico mi vida entera. Te entrego de nuevo mi familia, cada miembro de la familia, cada problema, cada situación imposible. Lo pongo todo sobre el altar. Perdóname por intentar arreglar los problemas de mi vida y de mi familia con mi propia fuerza y sabiduría. Sé que Tú has dicho que no podemos mover montañas con nuestras propias fuerzas, o poder, sino por Tu Espíritu. Ven Espíritu Santo y danos poder para restaurar cualquier parte rota o distante en nuestra relación con el Padre y entre nosotros. Declaramos que como familia vamos a seguir al Señor más fielmente y honrarle diariamente en todo lo que hagamos. Amén.

Capítulo 13

Cuando Cae El Fuego: ¡Mantenga La Llama Encendida!

Yo a la verdad os bautizo en agua para arrepentimiento; pero el que viene tras mí, cuyo calzado yo no soy digno de llevar, es más poderoso que yo; él os bautizará en Espíritu Santo y fuego. (Mateo 3:11).

Puede que ya haya compuesto su altar familiar; que haya apartado un tiempo para reunir a su familia para orar y adorar al Señor en su hogar. O que haya recabado el conocimiento necesario para crear un plan para comenzar. ¡Ha llegado el momento de pedir que el fuego de Dios descienda, tal como hizo el profeta Elías!

¿Qué es el fuego de Dios? ¿Por qué era tan importante el mandato del Señor a los sacerdotes, de mantener encendido el fuego del altar, para que nunca se apagara? ¿Y qué significa eso para nuestras vidas y hogares hoy?

¿Qué Es «El Fuego De Dios»?

La Biblia especifica que Dios es como un fuego: «*un fuego consumidor*» (Hebreos 12:29). El fuego comunica, en primer lugar, la presencia misma de Dios. Los autores de la Biblia también describen el fuego como poder, santidad, luz y protección de Dios sobre su pueblo. Estos son los atributos que queremos que ardan en nuestras vidas y hogares.

No siempre es posible distinguir la presencia de Dios de Su gloria, pues Su gloria irradia Su belleza, carácter y poder, que podemos experimentar como Su «presencia».

Las Escrituras retratan a menudo la gloria de Dios como «fuego». Un excelente ejemplo de este extremo ocurrió cuando los hijos de Israel se encontraron con el fuego de la gloria de Dios en el monte Sinaí, donde Moisés ascendió para encontrarse con Dios y recibir los Diez Mandamientos. Para los israelitas, la gloria del Señor semejaba un fuego consumidor en la cima del monte (véase Éxodo. 24:17; Lev. 9:23-24; Deut. 5:24), allí experimentaron Su «presencia» como una manifestación sobrecogedora de Su poder, belleza y carácter. La sintieron con tanta fuerza que no pudieron soportarlo y rogaron a Moisés que hablara con ellos en lugar de Dios.

Más adelante en la historia de Israel, el rey Salomón construyó y dedicó el Templo de Dios, y:

> *Cuando Salomón terminó de orar, descendió fuego del cielo y consumió el holocausto y los sacrificios, y la gloria del Señor llenó el templo. Tan lleno de su gloria estaba el templo que los sacerdotes no podían entrar en él. Al ver los israelitas que el fuego descendía y que la gloria del Señor se posaba sobre el templo, cayeron de rodillas y, postrándose rostro en tierra, alabaron al Señor diciendo: «Él es bueno; su gran amor perdura para siempre».* (2 Crónicas 7:1-3, NVI).

¡Esta es una historia tremenda! Como ilustran estos versículos, la gloria del Señor llena el templo cuando cae el fuego. El Señor desea hacer esto en su corazón y en su hogar cuando se reúnen con Él en el altar familiar: ¡Él quiere llenarlos con el fuego de Su gloriosa presencia!

Mi buena amiga Stephanie cuenta cómo ella y su marido, Steve, lucharon incansablemente en su altar familiar para que el fuego de Dios cayera y sanara a su hijo de una enfermedad devastadora.

> Cuando tenía un año y medio, a nuestro hijo Steve, —al que llamamos «Stevie»— le diagnosticaron artritis reumatoide juvenil (ARJ). Según las estadísticas, el 80% de los niños superan esta enfermedad en seis meses. En el caso de Stevie, la enfermedad se agravó. Tomaba ocho cucharadas de Motrin al día para aliviar la inflamación y el dolor. Y así continuó hasta los siete años.
>
> Un día mi madre me llamó para decirme que el domingo por la noche iba a haber un culto de sanidad en su iglesia.

Nos sugirió que lleváramos a Stevie para que orasen por él.

Durante el servicio, Stevie no se callaba ni se quedaba quieto. De mi espíritu fluyó la letra de la canción «Solo de Jesús la Sangre». Canté estas palabras sobre mi hijo una y otra vez mientras duró el culto.

Cuando llegó el turno de orar por Stevie, la presencia de Dios era tan fuerte que apenas podía mantenerme en pie. El ministro me dijo: «Quiero que empiece a pasear a su hijo de un lado a otro, por el pasillo». Pocos minutos después, Stevie dijo que sentía que la pierna le ardía. Empezó a gritar: «¡Me arde la rodilla! ¡Me arde la rodilla!»

Esa noche Dios sanó a mi hijo. ¡Su fuego celestial quemó la enfermedad de la ARJ! Ya han transcurrido 20 años y Stevie no padece ni tiene síntomas de ARJ. Nuestra familia sabe lo que es sacrificarse en oración sobre el altar y experimentar el fuego de Dios.

El Fuego Y El Temor Del Señor

La palabra más frecuente para designar el *fuego* en hebreo es שׁא, que se pronuncia «es», cuyo significado original es el «gran destructor». Si nos fijamos en las letras hebreas que deletrean *fuego* en el «fuego de Dios», descubrimos que *aleph* (א), la primera letra del alfabeto hebreo, representa el buey —fuerza o poder— y la letra *shen* (שׁ) representa los dientes, lo cual significa destruir o consumir.

Dado sus significados, estas dos letras conforman la palabra hebrea que designa el *fuego*, y se traduce como «el fuerte destructor». El «fuego de Dios» significa literalmente «Dios es un fuego consumidor».

Desde la más tierna infancia, aprendemos a respetar el poder, el potencial y el peligro del fuego. El fuego destruye, quema hasta reducir a cenizas. No obstante, son apreciables sus beneficios: si se maneja con sabiduría, el fuego calienta, permite preparar la comida y proporciona luz y combustible. Lo mismo sucede con la gloria de Dios.

Al evaluar nuestra vida, debemos ser conscientes de que podemos tener una relación con Dios (apreciar sus beneficios), y al mismo tiempo ser negligentes a la hora de temerle y respetar su poder, esto es, no tratarle con el temor, el respeto y la reverencia que se merece.

La falta de «temor del Señor» es como mantener una relación con alguien importante de quien no se recibe consejo, ni se obedece sus advertencias, ni se le muestra honor o respeto. Para tener una relación íntima y significativa con Dios, el Creador del Cielo y de la Tierra, es crucial respetarlo humildemente y tomarlo en serio, tal como se manipulan brasas en el fuego.

El temor de Dios no significa tenerle miedo; es vivir apartado de la influencia del mundo en santo respeto, reverencia y admiración a Dios. El temor a Dios y a Su Palabra nos guarda de romper nuestra relación con Él. Uno toma Su Palabra seriamente y sin concesiones. Esto sucede cuando se abraza y se respeta Su Palabra en el corazón y en el hogar.

En respuesta, el Señor se acerca; se puede sentir Su presencia. Cada vez que uno acude al altar familiar, tiene una sensación de asombro y respeto, de llegar a la presencia del Dios Todopoderoso. Cuando uno se presenta ante el Señor de esta manera, después de estar con Él, puede salir al mundo con el fuego de la presencia de Dios resplandeciendo en su rostro y a través de su vida.

¿POR QUÉ EL ESPÍRITU SANTO ES COMO EL FUEGO?

Desde el principio del Nuevo Testamento, el Espíritu Santo se asocia con el fuego. Juan el Bautista declaró: «*Yo a la verdad os bautizo en agua para arrepentimiento, pero el que viene tras mí, cuyo calzado yo no soy digno de llevar, es más poderoso que yo. **Él os bautizará en Espíritu Santo y fuego***» (Mat. 3:11, RVR-1995).

Cuando el Espíritu Santo comenzó Su ministerio para habitar en la Iglesia primitiva, eligió manifestarse como «lenguas de fuego» sobre los creyentes que se habían reunido en el aposento alto:

> *Cuando llegó el día de Pentecostés, estaban todos juntos en el mismo lugar. De repente, vino del cielo un ruido como el de una violenta ráfaga de viento y llenó toda la casa donde estaban reunidos. Se les aparecieron entonces unas lenguas como de fuego que se repartieron y se posaron sobre cada uno de ellos* (Hechos 2:1-3, NVI).

En este pasaje, notamos que las lenguas ardientes fueron una manifestación de la tercera Persona de la Trinidad, el Espíritu Santo, concepto teológico inédito en el Antiguo Testamento.

Quisiera hacerle una pregunta importante: «¿Arde con fuerza el fuego del Espíritu Santo en el altar de su corazón?»

Esta es básicamente la misma pregunta que el apóstol Pablo hizo a algunos discípulos con quienes se encontró por el camino a su paso por Éfeso: «*¿Recibisteis el Espíritu Santo cuando creísteis?*» (Hechos 19:2).

Ellos le respondieron: «*Ni siquiera hemos oído si hay Espíritu Santo*». Entonces Pablo procedió a imponerles las manos y, cuando lo hizo, el Espíritu Santo descendió sobre ellos (véase Hech. 19:6). Jesús habló de Su don del Espíritu Santo, dado gratuitamente a los que se lo piden:

> *¿Qué padre de vosotros, si su hijo le pide pan, le dará una piedra? ¿o si pescado, en lugar de pescado, le dará una serpiente? ¿O si le pide un huevo, le dará un escorpión? Pues si vosotros, siendo malos, sabéis dar buenas dádivas a vuestros hijos, ¿cuánto más vuestro Padre celestial dará el Espíritu Santo a los que se lo pidan?* (Lucas 11:11-13)

Es decir, si su hijo le pide algo para cubrir sus necesidades básicas, como alimento para obtener fuerza, no se lo negará. Del mismo modo, si usted pide al Señor el don del Espíritu Santo para que le dé fuerza y poder para servirle, ¿cómo podrá negárselo?

Como creyente en Jesucristo que ha aceptado Su sacrificio en la cruz por sus pecados y le ha entregado su vida, puede pedirle y recibir el don del Espíritu Santo y fuego.

- ¿Está listo el altar?
- ¿Está la leña en su sitio?
- ¿Se entrega usted como sacrificio vivo?
- ¡Pida que caiga el fuego!

Jesús dice: «*Hasta ahora nada habéis pedido en mi nombre. Pedid y recibiréis, para que vuestro gozo sea cumplido*» (Juan 16:24). Cuando pida, ¡seguro que no le decepcionará!

Mantengan La Llama Encendida

El Señor mandó a los sacerdotes que el fuego proveniente del trono del Cielo nunca se apagara: «*El fuego arderá continuamente en el altar; no se apagará*» (Lev. 6:13). La razón por la cual el fuego continuo era tan importante es porque Dios mismo lo había encendido: «*De la presencia del SEÑOR salió un fuego, que consumió el holocausto y la grasa que estaban sobre el altar. Al ver esto, todo el pueblo prorrumpió en gritos de júbilo y cayó rostro en tierra*» (Lev. 9:24, NVI). Por tanto, el fuego en el altar representaba el poder y la presencia continua de Dios para con Su pueblo. Era un regalo del Cielo.

El fuego del Espíritu Santo sigue siendo hoy un regalo de Dios para nosotros. Este fuego, el fuego de Dios, ¡es un fuego vivo! Su deseo es que usted arda con Su presencia eternamente.

Nuestro deber es mantener el fuego encendido, como hacían los sacerdotes, porque «*Vosotros sois linaje escogido, real sacerdocio, nación santa, pueblo adquirido por Dios*» (1 Pedro 2:9). En su deseo apasionado de mantener encuentros con Dios que le transformen, no debe permitir que su fuego se apague dejando de clamar por Su presencia y poder en su vida y su hogar. La verdadera adoración y comunión con el Señor debe convertirse en un estilo de vida.

Sepa que tendrá que guardar y custodiar enérgicamente su altar, luchar para que sea prioritario en su vida y su familia (véase Juan 10:10). El enemigo intentará oponerse y distraerle de su relación con Dios. El diablo reclamará su atención y no cederá terreno fácilmente. Puede atacarle como león rugiente, pero Dios le ha concedido poder por medio de Su Palabra y Su Espíritu para vencerle (véase 1 Pedro 5:8-9; Sant. 4:7). Dios cumple su promesa y no permitirá que sea probado más allá de sus fuerzas para mantenerse firme. El Señor es fiel; Él le fortalecerá y le guardará del maligno (véase 2 Tes. 3:3).

Vendrán desafíos contra usted para que acorte o interrumpa su tiempo en el altar familiar; el enemigo intentará desanimarle, desviar sus oraciones y adoración, o convencerle de que nada está cambiando. Es posible que su mente divague cuando se acerca al Señor. Puede que, en ocasiones, dedique tiempo a otras cosas o pierda el interés.

Todos experimentamos este tipo de luchas. Cuando esto suceda, comparta su corazón honestamente con el Señor. Clame y pídale que le atraiga de nuevo hacia Él. Si hace el primer movimiento hacia el Señor, Él se moverá hacia usted (véase Sant. 4:8). Si ha caído en algo que interrumpió su relación con algún miembro de su familia, dispóngase a pedir perdón y a reconciliarse con esa relación, con la ayuda del Señor. Debe mantener puro el altar de su corazón y dar prioridad a su vida y su familia.

Cuando discierna que el enemigo trata estratégicamente de impedir su intimidad con Dios, acérquese más intensamente al Señor. Aprenda a caminar con más *denuedo* en la autoridad de Cristo. He aquí algunas maneras de fortalecerse en el Señor, como hizo David (1 Sam. 30:6):

- Haga este compromiso diario consigo mismo y con el Señor: «Mi corazón será un altar para el Señor, su fuego arderá en él, día y noche, y no se apagará».
- Cambie su rutina para poder dedicar más tiempo a centrarse en el Señor. Haga algo nuevo que le ayude a usted y a los suyos a mantenerse conectados con Dios en el altar familiar.
- Elija adorar aunque no tenga ganas. La fe comenzará a surgir de nuevo en su corazón.
- Salga a dar un paseo o retírese a un lugar tranquilo y comience a alabar al Señor, ponga su mirada y su atención en Él. Su alabanza alejará la oscuridad que intenta penetrar (véase Salmo 22:3).
- Ponga música de alabanza o escuche la Palabra de Dios en medios digitales en lugar de ver las noticias durante unos días.
- Cuídese de no ponerse en «piloto automático», de no seguir el ritmo de una actividad religiosa sin darse cuenta de que hay algo que inhibe la obra y la presencia del Espíritu Santo. Esto puede suceder en su tiempo de oración personal y en su altar familiar.

- Esté atento y vigile el clima espiritual de su hogar. Después de todo, usted es llamado a ser un «centinela» que vigila su hogar y su familia (véase Eze. 33:7; Mar. 14:38).
- Lea un libro de inspiración o un devocional. Repase palabras proféticas o Escrituras que Dios haya dado a usted o a su familia.
- Abra su diario de oración (o inicie uno si aún no lo ha hecho). Recuerde las oraciones contestadas y todo lo que Dios ha hecho por usted.
- Llame a un amigo o compañero de oración para orar y acordar progresar.

La Vida En La Presencia Y El Poder Del Espíritu Santo

Manténgase alerta, porque los problemas y las batallas intentarán irrumpir en su vida, pero no permita que todo ello le venza. Use las armas espirituales que tiene a su disposición —como el arrepentimiento, la adoración, el ayuno y la oración, declarar las Escrituras, recurrir a la autoridad de Cristo para reprender al enemigo— y obtenga victoria (véase Lucas 10:19; Hech. 16:18). Las armas que usamos para luchar no son armas carnales, sino poderosas en Dios (véase 2 Cor. 10:3-5). Las usamos para destruir todo ataque del maligno y eliminar las barreras y obstáculos que él intenta erigir para impedirnos vivir en la presencia y el poder de Dios, con el «cielo abierto».

La realidad es que la presencia constante del Señor en su corazón y en su hogar crea un «cielo abierto» continuo. Es como caminar dentro de una columna de fuego que le protege del poder espiritual de las tinieblas que actúan en contra. A medida que usted y su familia desarrollan un estilo de vida de oración, y sus corazones se convierten en altar ardiente de Dios, no importa dónde estén o lo que estén haciendo, siempre estarán rodeados de la presencia de Dios. Sabrán cómo mantener el fuego de esa relación para que los cielos estén continuamente abiertos a su alrededor y la presencia y el poder del Espíritu Santo sean evidentes en ustedes.

A medida que usted —y cada vez más personas en su comunidad y nación— se muevan en la columna de fuego de Su altar, llevarán consigo la presencia luminosa de Dios. Así se comienza a llevar el espíritu de avivamiento a todas partes. Así de claro —¡el que realmente camina en la presencia de Dios trae avivamiento!

Cataratas De Fuego De Avivamiento

A medida que continúa atizando el altar del Señor, Su ardiente presencia se hará más palpable en su vida. La historia testifica que el Espíritu Santo responde con fuego del Cielo cuando los creyentes están unidos en el temor de Dios y en la búsqueda apasionada de Su gloria.

Es lo que ocurrió en Escocia durante el Avivamiento de la isla de Lewis (islas Hébridas) entre 1949 y 1953. Los que vivieron este mover de Dios testificaron que la característica distintiva del avivamiento fue el tremendo temor de Dios que se apoderó de las almas de hombres y mujeres. Los testigos relataron que un profundo sentimiento de vacío y una profunda convicción de separación de

Dios se apoderó de los habitantes de toda la isla: en los hogares, el trabajo, las calles, los campos, las iglesias e incluso la comisaría de policía.

El avivamiento de las Hébridas comenzó en la casita rural de dos hermanas llamadas Peggy y Christine Smith. A sus 84 y 82 años, Peggy era completamente ciega y Christine estaba encorvada por la artritis. Al no poder asistir a los servicios religiosos por causa de sus discapacidades, las dos se entregaron a la oración intercesora para que el avivamiento llegara a su pueblo.

Por ese tiempo, las iglesias de la región estaban espiritualmente muertas. El legalismo era extremo. Ni un solo joven asistía a la iglesia. Pero Peggy y Christine sintieron que el Señor les hablaba: *«Regaré con agua la tierra sedienta y con arroyos el suelo seco; derramaré mi Espíritu sobre tu descendencia y mi bendición sobre tus vástagos»* (Isaías 44:3, NVI).

Peggy y Christine pasaban horas en oración, a veces desde las diez de la noche hasta las tres o las cuatro de la madrugada. A medida que se intensificaba la intercesión, algunos ministros y otras personas se unían para orar con las hermanas en otros lugares, la mayoría en cabañas, o pequeñas casas de campo, como la de Peggy y Christine. La gente de la isla sentía que Dios les decía «Pedidme avivamiento». ¡Estaba divinamente ordenado!

Una noche, en una reunión de oración en un granero, un joven leyó en voz alta el Salmo 24:3-5:

¿Quién subirá al monte del SEÑOR? ¿Quién permanecerá en su lugar santo? El limpio de manos y puro de corazón que no ha elevado su alma a la vanidad ni ha jurado

con engaño. Él recibirá la bendición del SEÑOR y la justicia del Dios de su salvación (RVA-2015).

Cuando cerró la Biblia, dijo a los presentes que no tenía sentido orar y esperar en Dios si ellos mismos no estaban bien con Él.

Luego oró: «Dios, ¿están limpias *mis* manos? ¿Es puro *mi* corazón?». Inmediatamente, después, hacia las tres de la madrugada, la presencia de Dios se apoderó de todos los presentes. El grupo de intercesores salió del granero a primera hora de la mañana para dirigirse a casa y se encontraron por el camino hombres y mujeres arrodillados, clamando misericordia. En todas las casas había luces encendidas, pues nadie podía dormir. La conciencia de Dios fue abrumadora.

Las iglesias empezaron a llenarse a medida que la gente se volvía a Dios. Según relataron más tarde algunos testigos, a medida que los feligreses se acercaban a los templos, guardaban silencio, asombrados ante el Señor. Una vez sentados en el interior, rompían a llorar, algunos por amor desbordante a Dios, otros por convicción. En los pasillos y en los bancos, la gente se arrodillaba y pedía misericordia a Dios.

Nadie quería marcharse a casa cuando terminaban los cultos; se quedaban en la iglesia o iban a casas cercanas para seguir aprendiendo, compartiendo y cantando. Era habitual que los cultos se prolongaran hasta altas horas de la madrugada. La gente era milagrosamente capaz de funcionar sin apenas dormir. Algunos llegaban a casa a las 5:00 de la madrugada, salían a trabajar a las 7:00, ¡trabajaban todo el día y no se cansaban!

Una mañana temprano, 300 personas, atraídas por el Espíritu de Dios, se presentaron ante la comisaría local clamando a Dios por misericordia a causa de la abrumadora convicción de sus pecados. Aunque algunos intentaron huir del poder de convicción, éste les seguía dondequiera que fuesen. La delincuencia en la isla prácticamente desapareció.

El Avivamiento de las Hébridas, conocido también como «The Cottage Revival» («el Avivamiento de las Cabañas»), duró cuatro años, y el 90% de la isla de Lewis fue salvo a su paso. Fue un fenómeno juvenil. Se convirtieron muchos adolescentes y menores de 40 años. El Señor fue fiel a la palabra que dio a las hermanas Peggy y Christine: «*Derramaré aguas sobre el sequedal, y ríos sobre la tierra árida; mi Espíritu derramaré sobre tu generación, y mi bendición sobre tus renuevos*» (Isaías. 44:3).

«Si Lo Edificas, Yo Vendré»

¿Podemos esperar esta clase de avivamiento en nuestros días? ¡Que así sea!

En el Aposento Alto, los discípulos no sabían cómo sería el mover del Espíritu Santo que había de venir, pero prepararon su altar de oración al Señor, y cayó fuego del Cielo. Los discípulos se quedaron allí hasta que fueron investidos del poder de lo alto. Esperaron que Su presencia se manifestara, dieron importancia a ese tiempo; se lo tomaron muy en serio y esperaron pacientemente.

Cuando el Espíritu Santo cayó sobre ellos, los discípulos se convirtieron en altares de piedras vivas, invitaron al fuego del Espíritu

Santo de Dios que descendiese y les consumiera como sacrificios vivos:

> *Acercándoos a él, piedra viva, desechada ciertamente por los hombres, mas para Dios escogida y preciosa, vosotros también, como piedras vivas, sed edificados como casa espiritual y sacerdocio santo, para ofrecer sacrificios espirituales aceptables a Dios por medio de Jesucristo* (1 Pedro 2:4-5).

Ustedes son las piedras vivas con las que Dios está construyendo Su «casa espiritual». Son un sacrificio vivo y santo que Él hallará aceptable (véase Rom. 12:1). Esta es la auténtica manera de adorarle y presentarse enteramente a Dios a través de Cristo Jesús.

Tan grande era la necesidad de los discípulos del Espíritu de Cristo que no abandonaron Jerusalén hasta recibir todo lo que Dios les había prometido. Fueron investidos de poder gracias a su encuentro íntimo con Dios.

Nosotros y nuestras familias somos Sus discípulos hoy, y necesitamos Su poder tanto como ellos. Él nos pide que permanezcamos en el lugar de oración, entrega y adoración hasta que le encontremos y Su fuego caiga sobre nuestras vidas y hogares.

Mi oración ferviente es que el Espíritu Santo de Dios capacite con nuevo poder a usted y a su familia, y que Su fuego santo caiga sobre su corazón, su hogar y su nación.

Si le construyen un altar, ¡Él promete venir!

Apéndice

Guías De Oración Y Herramientas De Activación

Guía De Oración En Familia Para 10 Días

Día 1—Ore por el destino de cada persona

Día 2—Ore siguiendo las Escrituras

Día 4—¿Cuál es su historia?

Día 5—Toma de decisiones

Día 6—Ore por la escuela de sus hijos

Día 7—Ore por la economía de su familia

Día 8—Ore por el futuro y la vocación de su familia

Día 9—Limpie su hogar de influencias malignas

Día 10—Celebre la comunión en familia

Ideas Creativas Para Orar En Familia

Ejemplo de altar familiar

Redacte un pacto de familia

Ore por su barrio

Principios Para La Oración Conjunta

Consejos para dirigir una reunión de oración de grupo pequeño

Para superar los obstáculos

Oraciones Bíblicas Por Su Familia

Reclame las promesas de Dios

Reclame las promesas de Dios para sus hijos

Pida la bendición de Dios sobre su cónyuge

    Una oración matutina por mi esposo

    Una oración matutina por mi esposa

Ore por victoria para un matrimonio con problemas

Ore para que sus seres queridos conozcan a Cristo

Salmo 91 — Oraciones de protección por su familia

Ore Por Sanidad. Oraciones Bíblicas Por Un Despertar Espiritual En La Nación

Oraciones Bíblicas Por Las Generaciones Emergentes

Siete Oraciones Vivificantes De Poder Por Su Iglesia

Guía De Oración En Familia Para 10 Días

Hablando con familias de todas las edades y en distintas etapas, muchas me han confesado los mayores retos que tuvieron que sortear para orar, entre otros, saber qué aspecto tiene un altar de oración familiar ferviente, conseguir que todos los miembros de la familia participen y mantenerlos interesados y comprometidos. Teniendo esto en cuenta, esta guía de oración ofrece diez ideas creativas para ayudarle a cultivar una vida imprescindible de oración en familia.

Puede usar esta guía durante diez días seguidos o como una lista de ideas a la que recurrir de forma esporádica. Si lo hace, podrá ver cómo cambia el clima espiritual de su hogar.

Juntos podemos marcar una diferencia eterna en las vidas de nuestras familias y en las de las generaciones venideras, así como en las de los vecinos, amigos y compañeros de trabajo. ¡Las posibilidades son infinitas cuando las familias oran!

Día 1

Ore Por El Destino De Cada Persona

«Porque yo sé muy bien los planes que tengo para vosotros —afirma el Señor—, planes de bienestar y no de calamidad, a fin de daros un futuro y una esperanza» (Jeremías 29:11, NVI).

En su libro *La bendición*, Gary Smalley y John Trent señalan: «Los niños están llenos de potencial para ser lo que Dios quiere que sean».[1] ¿Es usted consciente de cómo Dios ha diseñado de forma singular a cada miembro de su familia?

Instrucciones: Haga a cada miembro de su familia las siguientes preguntas:

1. ¿Con qué sueñas o sueñas despierto más a menudo?
2. Cuando piensas en la edad adulta (para niños/adolescentes), ¿qué crees que te gustaría hacer?
3. ¿A qué personaje bíblico te gustaría parecerte? ¿Por qué?

4. ¿Qué cosa crees que Dios quiere que hagas por el mundo?

Ore para que cada miembro de su familia cumpla el diseño único de Dios para su vida. Mientras oran, si les viene a la mente una palabra de aliento, anótenla en su diario de oración y compártanla con ese miembro de la familia.

Modelo de oración

Señor, te damos las gracias por haber creado a _____ (insertar nombre) como persona única para un propósito muy especial. Te pedimos que la prepares para el futuro que Tú has planeado. Te pedimos que cumpla el propósito divino que le has dado, que cada día sea sensible a Tu llamado y marque una diferencia en este mundo.

Día 2

Ore Siguiendo las Escrituras

La palabra de Dios es viva y eficaz, y más cortante que toda espada de dos filos (Hebreos 4:12).

Dios nos ha dado la Biblia no solo para leerla, sino para orar con ella. Cuanto más permita que la Palabra de Dios guíe sus oraciones, más seguro podrá estar que ora según la voluntad de Dios. Por cuanto la Palabra de Dios está *«llena del Espíritu y de vida»* (Juan 6:63), el Espíritu Santo puede ayudarle a identificar pasajes que se relacionan con su vida y situaciones familiares.

Instrucciones

Pida a los miembros de su familia que busquen un pasaje bíblico que les gustaría utilizar para hacer una oración por ellos mismos o por alguien de la familia. Luego, por turnos, oren siguiendo esas Escrituras. También pueden recordar peticiones escritas en su diario de oración y hallar alguna promesa bíblica que puedan reclamar a Dios por cada uno de ellos.

Modelo de oración

Señor, gracias por Tu Palabra, que es viva y eficaz y más cortante que una espada de dos filos. Nos encanta hablar y orar Tu Palabra, porque está llena de promesas. Cuando oramos según Tu Palabra, confiamos en que nos escuchas porque oramos conforme a Tu perfecta voluntad. Gracias por darnos Tu Palabra escrita, la Biblia, para poder vivir y orar victoriosamente. Porque Tú has prometido: «*Yo apresuro mi palabra para ponerla por obra*» (Jer. 1:12).

Día 3

Descubra Sus Dones Espirituales

A cada uno le es dada la manifestación del Espíritu para provecho. Pero todas estas cosas las hace uno y el mismo Espíritu, repartiendo a cada uno en particular como él quiere (1 Corintios 12:7, 11).

Dios ha equipado a Sus seguidores con diversos dones espirituales. Éstos se dividen comúnmente en tres categorías:

Dones de motivación: profecía, servicio, enseñanza, exhortación (estímulo), generosidad, administración y misericordia (véase Rom. 12:3-8). Estos dones conforman la manera en que los creyentes perciben su función en el Cuerpo de Cristo y cómo se relacionan con otros e impactan en ellos.

Dones ministeriales: apóstoles, profetas, evangelistas, pastores y maestros (véase Efe. 4:11-13). Estos dones edifican la Iglesia y hacen avanzar el Reino de Dios. A menudo se confirman mediante ordenación.

Dones de manifestación: palabra de sabiduría, palabra de ciencia, fe, sanidades, hacer milagros, profecía, discernimiento de espíritus, diversos géneros e interpretación de lenguas (véase 1 Cor. 12:7-11). Los dones de manifestación son demostraciones sobrenaturales de la presencia y el poder del Espíritu Santo. Se manifiestan en beneficio de los demás y para dar gloria a Dios.

Instrucciones

Como familia, pidan a Dios que les revele los dones espirituales de cada persona. ¿Cómo quiere Él usar a cada miembro de su familia? ¿Qué se ofrece de manera natural a cada uno? ¿Tiene un miembro talento y pasión por la organización y la administración? ¿Está otro inspirado para explicar las cosas del Señor a otras personas? ¿Disfruta un miembro al sentarse en silencio, meditar la Palabra de Dios y escuchar Su voz para compartir Sus palabras con otros?

Pida a Dios que muestre a cada miembro de la familia cómo les ha diseñado de forma única y les ha dado capacidades para exhortar y edificar la Iglesia y a los de su entorno.

Modelo de oración

> Gracias, Señor, por diseñarnos a cada uno de nosotros de manera única para Tu propósito. Gracias por los dones espirituales que nos concedes por medio de Tu Espíritu para animarnos unos a otros y edificar Tu Iglesia. Ayúdanos a reconocer nuestros dones y a usarlos sabiamente para hacer avanzar Tu Reino. Amén.

Día 4

¿Cuál Es Su Historia?

No les ocultaremos estas verdades a nuestros hijos; a la próxima generación le contaremos de las gloriosas obras del Señor, de su poder y de sus imponentes maravillas. Pues emitió sus leyes a Jacob; entregó sus enseñanzas a Israel. Les ordenó a nuestros antepasados que se las enseñaran a sus hijos, para que la siguiente generación las conociera —incluso los niños que aún no habían nacido—, y ellos, a su vez, las enseñarán a sus propios hijos. De modo que cada generación volviera a poner su esperanza en Dios y no olvidara sus gloriosos milagros, sino que obedeciera sus mandamientos (Salmo 78:4,6-7, NTV).

Relatar milagros y respuestas a la oración crea una atmósfera de fe, ánimo y esperanza. Tales relatos también centran nuestra atención en la bondad y la grandeza de Dios y siembran semillas de fe y expectación que darán fruto en los años venideros, incluso en los niños pequeños que las escuchan. Esto forma parte del plan de Dios para pasar la antorcha de la fe de una generación a otra.

Instrucciones

Cuando cuente un milagro o una respuesta a la oración, muéstrese receptivo a cualquier pregunta o comentario. Puede que sus hijos u otros miembros de la familia quieran también compartir algún milagro o respuesta a la oración que hayan experimentado.

Modelo de oración

Señor, gracias porque eres un Dios que responde a las oraciones y porque aún hoy haces milagros. Nuestros corazones rebosan de fe cuando recordamos todas las cosas grandes y poderosas que has hecho por nosotros. Te pedimos ahora que nos des muchas más historias asombrosas que contar. Y también, te pedimos, Dios, que regales a nuestros hijos muchas hazañas asombrosas que puedan transmitir a sus hijos y a los hijos de sus hijos.

Día 5

Toma De Decisiones

*Y si alguno de vosotros tiene falta de sabiduría,
pídala a Dios, el cual da a todos abundantemente
y sin reproche, y le será dada* (Santiago 1:5).

Algunas decisiones son fáciles de tomar, como elegir entre huevos o cereales. Otras nos sobrecargan, como elegir a qué universidad asistir o aceptar o rechazar una oferta de trabajo. Sea cual sea la decisión, Dios está ahí para guiarle.

Cuando ore pidiendo sabiduría, recuerde que la respuesta de Dios puede llegar de diversas maneras: a través de Su Palabra, de un pensamiento inspirado, de la sabia instrucción de un padre o consejero, de un sermón ungido, de una canción de alabanza o de un amigo. Un buen indicador de una decisión correcta es la paz. Colosenses 3:15 nos aconseja dejar que la paz de Dios actúe como árbitro en nuestros corazones, y nos guíe por el camino que debemos seguir. Si siente alguna ansiedad o confusión, siga esperando en el Señor, permanezca en Su Palabra y pídale dirección.

Instrucciones

Pregunte a los miembros de su familia en qué cosa necesitan la ayuda de Dios para tomar una decisión. Anoten las peticiones en su diario de oración. Oren luego para que cada persona escuche a Dios y reciba la dirección que necesita para tomar la mejor decisión. Asegúrense de anotar las respuestas para que les sirvan de recordatorio de la fidelidad de Dios.

Modelo de oración

Amado Señor, gracias por Tu promesa de que si a alguno de nosotros nos falta sabiduría, podemos pedírtela y Tú nos la darás generosamente. Eso es justo lo que _____ necesita ahora mismo. Ayuda a _____ a escuchar Tu voz y a esperar con fe Tu respuesta. Ayuda a _____ a confiar en Ti y ser libre de preocupación y ansiedad. Inunda el corazón de _____ de paz para que pueda franquear la puerta que Tú has abierto y sepa claramente que está caminando en Tu perfecta voluntad.

Día 6

Ore Por La Escuela De Sus Hijos

Jesús dijo: «Dejad a los niños venir a mí, y no se lo impidáis; porque de los tales es el reino de los cielos» (Mateo 19:14).

En los pasillos de una escuela o colegio puede haber risa y amistad, en los terrenos de juego, padres que animan, y llenarse el auditorio de participación comunitaria. Pero las escuelas también pueden ser lugares donde abunda el estrés, el acoso, la presión y la soledad. Un entorno escolar positivo puede cambiar la vida de alguien. Para muchos, el estímulo que reciben en la escuela es su único apoyo. Orar por una escuela no solo cambia el ambiente, sino que incluso puede salvar vidas. Una escuela sana repercute en toda la comunidad.

Instrucciones

Puede orar paseando por las inmediaciones de la escuela de sus hijos, o desde el coche cuando los lleve, o los recoja de la escuela. Si no tiene hijos en edad escolar, puede orar por la escuela de su nieto o por una escuela de su vecindario. Ore por los alumnos, los profesores y los miembros del personal, ore por aquellos cuyos nombres conozca. Ore por el edificio y por todas las familias y miembros de la comunidad con representación en la escuela. Ore para que el mal sea refrenado —cualquier cosa que intente infiltrarse en la escuela—, como ideologías ateas, currículo sexualmente explícito o pervertido, drogas, suicidio, abuso, violencia e intimidación o acoso. Reclame la presencia y el poder de Dios para que llene cada aula y cada vida.

Modelo de oración

Dios, te dedicamos esta escuela, para cumplir tus propósitos: cada aula y pasillo, y todas las personas y actividades que hay en ella. Invitamos a Tu santa presencia y poder que ocupe cada rincón y cada vida. Haz brillar Tu luz sobre este campus y expulsa toda oscuridad, ceguera espiritual, perversión de la verdad y hostilidad hacia Ti y Tu verdad. Padre Dios, detén todos los intentos de utilizar los planes de estudio para encarrilar a nuestros jóvenes en el humanismo, el relativismo moral y las ideologías ateas. Desenmascara todo engaño y cualquier esfuerzo hecho en secreto para influenciar y corromper a nuestros hijos. Te pedimos que mantengas a salvo a cada alumno, maestro y miembro del personal. Que cada familia y miembro de la comunidad representados en esta escuela lleguen a conocerte, amarte y honrarte.

Día 7

Ore por la Economía de su Familia

Traed íntegro el diezmo para los fondos del templo, y así habrá alimento en mi casa. Probadme en esto —dice el Señor Todopoderoso—, y ved si no abro las compuertas del cielo y derramo sobre vosotros bendición hasta que sobreabunde» (Malaquías 3:10, NVI).

Casi nada en la vida nos produce más estrés, descontento o preocupación que las finanzas. El dinero afecta a casi todas las áreas de la vida. Pero, ¿lo ha convertido alguna vez en parte de su vida espiritual? Si somos administradores fieles de nuestros recursos económicos, Dios promete asociarse con nosotros para proporcionarnos ingresos que cubran todas nuestras necesidades. El apóstol Pablo nos recuerda: «*Mi Dios, pues, suplirá todo lo que os falta conforme a sus riquezas en gloria en Cristo Jesús*» (Fil. 4:19). Una forma de retribuirle es mediante el diezmo, que consiste en devolverle una parte de lo que Él nos ha dado. Puede empezar invirtiendo el 10 por ciento en la obra de Su Reino. De esta manera reconocerá Su fidelidad y colaborará en la expansión de Su Reino.

Instrucciones

Comente con sus hijos la importancia de invertir sus ingresos en el Reino de Dios. Hablen de cómo asignar sus ingresos para cubrir los gastos. Luego evalúe su presupuesto familiar: ¿Dónde ven la provisión de Dios? ¿En qué medida su presupuesto refleja las ofrendas? Dediquen juntos su economía al Señor y oren por sus necesidades específicas.

Modelo de oración

Padre Dios, gracias por proveer para cubrir todas nuestras necesidades. Reconocemos que todo lo que tenemos viene de Ti. Perdónanos por las ocasiones en que hemos usado mal nuestro dinero y por las veces que no lo hemos usado sabiamente. Muéstranos mejores maneras de administrar Tu provisión y danos sabiduría. Ayúdanos a ser buenos administradores de nuestro dinero, a ahorrar e invertir sabiamente y a no endeudarnos. Padre bondadoso, en este momento tenemos necesidad de (mencione específicamente) y te pedimos que nos proveas. Gracias por prometernos que suplirás todas nuestras necesidades según tus riquezas en gloria. Nos deleitamos en Ti, Señor, sabiendo que Tú nos concederás los deseos de nuestro corazón. Te encomendamos nuestros caminos, Señor; confiamos en Ti y sabemos que actuarás en nuestro favor (véase Salmo 37:4). Te lo pedimos en el nombre de Jesucristo. Amén.

Día 8

Ore Por El Futuro Y La Vocación De Su Familia

Ciertamente David, después de servir a su propia generación conforme al propósito de Dios, murió (Hechos 13:36, NVI).

Todos somos llamados a actuar con justicia, a amar la misericordia y a caminar humildemente ante nuestro Dios (véase Miq. 6:8). Además, cada uno de nosotros tiene una vocación específica y, a veces, tareas concretas que cumplir (véase Efe. 2:10). No está en su familia, casa o vecindario por accidente; ¡Dios tiene planes para usarle para Sus propósitos! Pedir a Dios que les revele el llamado de su familia puede abrirles nuevas puertas de oportunidades y personas a quienes servir.

Instrucciones

Como familia:

- Pregunten a Dios por qué les ha colocado en su casa, barrio, escuela, lugar de trabajo, ciudad y nación. ¿A qué personas o necesidades puede haberles llamado a ministrar?
- Identifiquen situaciones sociales angustiosas (en la escuela, el gobierno, el vecindario o la nación).
- Pidan a Dios que muestre a su familia su vocación específica y su dirección futura. Escriban y compartan entre ustedes las palabras o ideas especiales que se les ocurra.

Modelo de oración

Señor, te damos gracias por nuestra familia; hemos sido creados expresamente para Tu buen propósito. Aunque no entendamos ahora cuál es, te pedimos que nos prepares para el futuro que has planeado. Jeremías nos avisa que los pensamientos y planes que tienes para nosotros son para bien y no para mal, para darnos un futuro y esperanza (véase Jer. 29:11). También te pedimos que cada miembro de la familia cumpla personalmente su vocación. Usa cada vida nuestra para llevar a Cristo a personas de nuestro entorno. Haznos un reflejo de tu vida y tu verdad en este mundo quebrado. Te lo pedimos en el nombre de Jesús. Amén.

Día 9

Limpie Su Hogar De Influencias Malignas

Salid de en medio de ellos, y apartaos, dice el Señor, y no toquéis lo inmundo; y yo os recibiré (2 Corintios 6:17).

Después de haber dedicado su hogar al Señor, puede que sea más consciente de las cosas que le desagradan de su casa.

¿Hay alguna pertenencia en ella que sabe que entristece a Su Espíritu Santo, o que pueda suponer una invitación abierta a alguna fuerza maligna? Piense en los libros y películas que hay en sus estanterías, o pósteres en las paredes de las habitaciones de sus hijos. Considere la música que suena en su casa, o vehículo, y en sus dispositivos —iPads/teléfonos, computadoras, etc.— ¿Qué acerca de las fotos, revistas, coleccionables y objetos utilizados en actividades ocultas, como cartas del tarot, tablas de ouija o cartas de astrología? ¿Es consciente de cómo influyen en sus hijos los juegos de ordenador o los videojuegos que hay en su casa?

Josías, rey de Israel, cuando descubrió que el culto a los ídolos paganos se había infiltrado y conquistado su reino, se arrepintió y limpió la tierra de todo lo que desagradaba al Señor (véase 2 Reyes 23:1-26). Tenemos que vigilar lo que entra en nuestros hogares, incluso lo que puedan traer los amigos de nuestros hijos.

Este tema puede ser delicado, por lo que será necesario pedir la guía del Espíritu Santo. Puede que su familia no vea estos peligros como los ve usted desde su perspectiva y necesiten que la convicción de Dios venga a sus corazones. Conviene alentar a los niños mayores y adolescentes a buscar al Señor personalmente acerca de sus pertenencias y discernir qué cosas, buenas o malas, les pueden estar influyendo desde sus teléfonos y computadoras.

Nota: Bitdefender, una empresa tecnológica de seguridad, ha informado que los niños menores de 10 años representan actualmente el 10 por ciento de los visitantes de sitios de vídeos pornográficos, incluidos mega-sitios como Pornhub. Según Google Analytics, las búsquedas de pornografía aumentan un 4,700% cuando los niños no tienen que ir a clase. Trágicamente, solo el 3% de los adolescentes varones y el 17% de las niñas no han visto pornografía en línea.[2] Este es un problema grave que va a requerir un cambio radical de corazón, una solución de Dios.

Como padre, es importante decidir cómo mantener esta lacra fuera de su casa y de la vida de sus hijos. Puede que tenga que hablar con ellos sobre el uso que hacen de internet y el peligro de acceder a material inapropiado. También, puede que necesite aplicar una solución de seguridad digital como NetNanny u otra aplicación de control parental. El Espíritu Santo de Dios es la mejor seguridad que se puede aplicar a este problema. Cuando el Espíritu Santo viene, Él nos muestra la verdad sobre el pecado y la justicia y el juicio de Dios (véase Juan 16:8).

Instrucciones

Revise su casa, habitación por habitación, en familia. Pidan a Dios que les muestre, por medio de Su Espíritu Santo, si hay algo en su casa que no le agrada. También, pídanle que les muestre si hay actividades que le desagradan y que Él quiere que dejen de hacer. Permitan que el Señor les dé sabiduría y les guíe para hacer una limpieza espiritual en su hogar.

Modelo de oración

> Dios Santísimo, muéstranos cualquier cosa en nuestro hogar que te desagrade, o te deshonre, o mal represente. Señor, deseamos que nuestras vidas y nuestro hogar sea un lugar que invite y acoja Tu presencia. Danos sabiduría para limpiar nuestro hogar de todo objeto, actividad o influencia impía. Nos comprometemos a quitar y destruir todo ello, y cerrar así la puerta al maligno. Declaramos que nuestro hogar está dedicado a Ti, Señor. Te damos la bienvenida y te damos las gracias por tu amor, provisión y protección, en el nombre de Jesús. Amén.

Día 10

Celebre La Comunión En Familia

El Señor Jesús, la noche que fue entregado, tomó pan; y habiendo dado gracias, lo partió, y dijo: Tomad, comed; «esto es mi cuerpo que por vosotros es partido; haced esto en memoria de mí». Asimismo tomó también la copa, después de haber cenado, diciendo: «Esta copa es el nuevo pacto en mi sangre; haced esto todas las veces que la bebiereis, en memoria de mí» (1 Corintios 11:23-25).

Cuando nos reunimos para orar en familia entramos en la presencia misma de Dios. El Creador del cielo y la tierra es un Dios grande y santo, pero nos permite acceder a Él libremente, tal como un padre amoroso hace con sus hijos (véase 1 Juan 3:1). Todo esto es debido a Jesús, quien murió y resucitó *«para para hacernos justos a los ojos de Dios»* (Rom. 4:25, NTV).

La comunión es una ocasión para disfrutar de nuestra relación con Cristo y recordar con acción de gracias todo lo que Jesús hizo por nosotros en la cruz. El pan representa el quebranto del cuerpo de Cristo para que pudiéramos ser restaurados y sanados. Cuando comemos el pan, proclamamos la vida de Jesús que ahora vive en nosotros. Cuando bebemos la copa, celebramos el sacrificio del Cordero de Dios y Su sangre derramada para perdón de nuestros pecados. Cuando bebemos, declaramos que hemos sido perdonados y lavados. Ahora somos puros y santos ante nuestro Creador y podemos entrar con valentía en su presencia. No merecíamos este inestimable y amoroso sacrificio, pero celebramos la comunión con alegría y honramos a nuestro Padre celestial por entregar a su Hijo unigénito a morir por nosotros para que pudiéramos tener una relación con Él.

Instrucciones

Reúnanse en familia alrededor de la mesa con un poco de zumo de uva (o vino) y pan o galletas. Comiencen con un tiempo de confesión para pedir perdón a Dios por las cosas que le hayan desagradado en sus vidas. Esto puede hacerse individualmente o en familia. Puede que incluso sea necesario pedir perdón a alguno de los presentes. Haga luego esta oración de arrepentimiento:

> Señor Jesús, gracias por ir a la cruz y hacer el sacrificio definitivo por mis pecados. Confieso que he pecado contra Ti con mis pensamientos, palabras poco amables y haciendo cosas que te desagradan. No te he amado con todo mi corazón; no he amado a los demás como me amo a mí mismo. Dios misericordioso, te suplico compasión y te pido perdón.

Antes de recibir la comunión, pida a alguien que lea 1 Corintios 11:23-26 sobre los elementos de la misma. Luego, mientras participan del pan, repita: «Este es el cuerpo de Cristo partido por ti», y mientras beben el zumo o el vino: «Esta es la sangre de Cristo derramada por ti».

Modelo de oración

Señor Jesús, es un privilegio para nuestra familia venir a tu presencia y celebrar la comunión en recuerdo de tu sacrificio. Gracias por morir por nosotros en la cruz y pagar el precio de nuestros pecados para poder ser perdonados y recibir Tu vida. Ayúdanos a recordar siempre Tu sacrificio de amor y a andar agradecidos por Tu precioso don. Amén.

Ideas Creativas Para Orar En Familia

Un Modelo De Altar Familiar: Tiempo De Oración Y Adoración

Mi casa será llamada casa de oración (Mateo 21:13, NVI)

Si está empezando a orar en familia o busca un plan sencillo para volver a empezar, pruebe este modelo: «Alaben, Lean, Canten, Oren». Este modelo es especialmente útil si tiene niños pequeños, o cuando su tiempo es limitado.

Reserve 15 minutos. Reúna a su familia por la mañana, o al final del día, y pruebe con este ejemplo breve y fácil de seguir:

Alabanza: Pida a los miembros de su familia que compartan lo que Dios ha hecho por ellos ese día o esa semana. Empiecen dándole gracias. Cuenten sus bendiciones. Alábenle por su bondad y fidelidad para con usted y su familia. Se nos insta a no olvidar las bendiciones de Dios (véase Salmo 103:2).

Lean las Escrituras: Lean un pasaje de las Escrituras (véase Salmo 119:105; Mateo 4:4). Un padre con niños pequeños me ha confesado que se concentra en unos pocos versículos, a veces solo en uno. Una noche leyó el Salmo 37, y se detuvo en el último versículo: «*porque en él se han refugiado*» (Salmo 37:40, RVA-2015). Preguntó a los niños: «¿Qué significa refugiarse en Dios?» Esto condujo a una breve conversación sobre cómo, cuando tenemos miedo, podemos acudir a Dios con nuestros temores y confiar que Él cuida de nosotros.

Canten: Después de un breve pasaje de la Escritura, este padre sugiere dos o tres canciones. Si los niños están especialmente nerviosos, ¡pueden cantar solo una canción! No se preocupe si cantan demasiado alto, bajo o fuera de tono. Las palabras cantadas obrarán profundamente en el corazón de todos (véase Salmo 71:23). «*Canten al Señor una nueva canción, porque ha hecho obras maravillosas. Su mano derecha obtuvo una poderosa victoria; su santo brazo ha mostrado su poder salvador*» (Salmo 98:1, NTV).

Oren: Después de algunas canciones, oren juntos. Los niños pueden hacer un par de oraciones breves sobre algo que tengan en el corazón. Puede pedirles que oren por sus amigos, profesores, el país o algo que haya salido en las noticias. A continuación, los padres o abuelos pueden poner el brazo sobre sus hijos y orar.

- Pida a Dios por su seguridad, salud, éxito (véase Salmo 91:1-16).
- Pida a Dios que les conceda un sueño reparador (véase Prov. 3:24; Salmo 4:8).
- Pida al Señor que se les dé a conocer y les ayude a caminar cerca de Él a lo largo de su vida (véase Juan 14:6; Sant. 4:8).

Si son una pareja, o una familia sin hijos pequeños, y tienen más tiempo, pueden consultar la «Guía de oración en familia para 10 días» y la sección «Oraciones bíblicas por su familia», en el Apéndice, para obtener otras ideas creativas.

¿Y si las cosas no salen según lo previsto? ¿Si se pierde una noche? ¿Los niños no pueden quedarse quietos? ¿Usted y su cónyuge están agotados? Seguro que pasa. Vuelvan a empezar en cuanto sea posible. Esto es demasiado importante como para abandonarlo. El sencillo plan de «Alaben, Lean, Canten y Oren» les ayudará a retomar el camino.

Modelo de oración

Señor, ¡solo Tú eres digno de nuestra adoración! Gracias por darnos una familia amorosa y el privilegio de reunirnos para encontrarnos contigo. Nos regocijamos en Tu presencia, ¡porque en Tu presencia hay plenitud de gozo! Ayúdanos como familia a disfrutar regularmente de esta intimidad contigo. Guíanos e inspíranos a acercarnos a Ti y a adorarte en maneras novedosas que duren toda la vida. Amén.

Redacte Un Pacto De Familia

Vestíos, pues, como escogidos de Dios, santos y amados, de entrañable misericordia, de benignidad, de humildad, de mansedumbre, de paciencia; soportándoos unos a otros, y perdonándoos unos a otros si alguno tuviere queja contra otro. De la manera que Cristo os perdonó, así también hacedlo vosotros. Y sobre todas estas cosas vestíos de amor, que es el vínculo perfecto. Y la paz de Dios gobierne en vuestros corazones, a la que asimismo fuisteis llamados en un solo cuerpo; y sed agradecidos. La palabra de Cristo more en abundancia en vosotros, enseñándoos y exhortándoos unos a otros en toda sabiduría, cantando con gracia en vuestros corazones al Señor con salmos e himnos y cánticos espirituales. Y todo lo que hacéis, sea de palabra o de hecho, hacedlo todo en el nombre del Señor Jesús, dando gracias a Dios Padre por medio de él (Colosenses 3:12-17).

Lugar

En el salón o en la mesa de la cocina.

Material necesario

Copias del pasaje de Escritura: Col. 3:12-17, papel y bolígrafo, cartulina grande, otro material artístico si se desea, y el modelo de pacto de familia (véase más abajo).

Trasfondo

Un pacto de familia es un compromiso mutuo que define cómo se desea vivir y relacionarse. El pacto de familia apela al corazón (un conocimiento consciente del bien y del mal) más que a una lista de exigencias o normas domésticas. Un pacto de familia, al igual que nuestro pacto con Cristo, no consiste de leyes escritas, sino que el Espíritu vivifica (véase 2 Cor. 3:6). Un pacto de familia es diseñado y redactado por toda la familia, tanto los padres como los hijos, y firmado voluntariamente por todos. Procure colocarlo en un lugar visible de la casa como recordatorio y punto de referencia.

Instrucciones

Lea en voz audible Col. 3:12-17, donde se exponen los valores de una familia cristiana. Hable con su familia sobre los valores específicos que les gustaría implantar en su hogar. Tómense tiempo y analicen el pasaje de Colosenses. Conceda tiempo a todos para que aporten a la conversación su comprensión e importancia de estos principios bíblicos. Como ayuda para esta tarea, pueden leer en voz audible Mateo 22:37-39: «*Amarás al Señor tu Dios con todo tu corazón, y con toda tu alma, y con toda tu mente... Amarás a tu prójimo como a ti mismo*» y Miqueas 6:8: «*...hacer justicia, y amar misericordia, y humillarte ante tu Dios*».

Puede ser útil hacer un par de preguntas: ¿Por qué valores nos gustaría que fuese reconocida nuestra familia? ¿Qué quieres que digan tus amigos y vecinos de ti y de nuestra familia? Pida a cada miembro de su familia que comparta o escriba estos deseos y cualidades de carácter e incorpórelos a su pacto de familia.

Si sus hijos son demasiado pequeños para escribir, mamá, papá o un hermano o hermana mayor pueden escribir sus pensamientos por ellos.

En una cartulina o pizarra grande, recopile los valores de todos en un documento para crear su pacto de familia. Comenten tales objetivos y cómo su familia puede hacer que formen parte de su estilo de vida. Su pacto familiar puede declarar la intención de su familia de distinguir sus vidas con esos rasgos. Cuando hayan terminado de redactar su pacto de familia, pida que todos lo firmen. Si tienen tiempo, decoren el pacto y enmárquenlo.

Pide a cada miembro de su familia que elija un tema por el que orar. Mientras oran, rodee el grupo y pida a Dios que ayude a su familia a vivir de tal manera que esta declaración sea lo que otros opinan de su familia.

Decida dónde colocar el pacto de familia en su casa. A algunas familias les gusta repasar el pacto una vez a la semana, a otras una vez al mes, o varias veces al año, y luego volver a comprometerse con sus valores.

Modelo de pacto de familia

Este ejemplo de pacto de familia puede servirles de inspiración, pero no duden en crear su propia versión:

Nuestra familia aprecia estos valores: la bondad, la paciencia y el perdón mutuo. Nos gusta reír juntos, pasar tiempo juntos, ayudar a otros y orar unos por otros. Nos apoyaremos y celebraremos unos a otros tanto en los buenos momentos como en los difíciles.

Queremos que los demás digan de nosotros que somos una familia íntegra, honesta y generosa.

Como familia nos comprometemos a este pacto porque amamos a Dios y a los demás, porque queremos ser seguidores fieles de Jesucristo y permanecer fieles a su Palabra.

Modelo de oración

Padre Celestial, sabemos que Tú nos has puesto a cada uno de nosotros en esta familia con un propósito. No solo tenemos un destino como individuos, sino que tenemos un destino y un llamado como familia. Cuando otros nos vean, queremos que digan: «Esta es una familia que conoce a Dios, en la que podemos confiar, que ayuda a los demás, que (rellene el espacio en blanco)». Ayúdanos a vivir a tenor con nuestro compromiso de familia, que ejemplifique tu Palabra. Que este compromiso transforme nuestras vidas y nuestra forma de relacionarnos. Ayúdanos a reconstruir nuestra confianza mutua, si ha sido dañada. Concédenos el poder de vivir de tal manera que la gente vea que hay algo extraordinario en nuestra familia, y que la singularidad de lo que somos viene de Ti. En el nombre de Jesús. Amén.

Ore Por Su Vecindario

Satanás, quien es el dios de este mundo, ha cegado la mente de los que no creen. Son incapaces de ver la gloriosa luz de la Buena Noticia. No entienden este mensaje acerca de la gloria de Cristo, quien es la imagen exacta de Dios (2 Corintios 4:4, NTV).

Lugar

En su casa y/o alrededor de su barrio.

Trasfondo

¿No sería maravilloso que sus vecinos se acercaran a usted y le pidieran que compartiera con ellos cómo pueden tener paz y esperanza por medio de Jesucristo? Imagínese una comunidad en la que los no creyentes no solo tienen la oportunidad, sino el deseo de ser salvos, un entorno en el que la gente es consciente de la existencia, el poder y el amor de Dios y quiera conocerle. Se trata de una comunidad en la que los cristianos hablan a Dios de sus vecinos antes de hablar a sus vecinos de Dios. Piden al Espíritu Santo que cultive una disposición a recibir el Evangelio, que cubra y apoye cada hogar con Su poder y amor por medio de la oración. Podemos llamar a esto «evangelización por medio de la oración». ¿Por qué no hacer ese lugar de su comunidad?

Instrucciones

Dibuje un croquis de su barrio (o imprima un mapa del barrio sacado de internet). Marque los números de las casas y los nombres de los vecinos que conozca. Oren por cada casa, para que sus ojos y sus corazones se abran a Jesús y al poder de su amor. Pidan a Dios que ablande sus corazones hacia Él (véase Ezequiel 36:26). Oren por su protección y liberación del maligno que trata de mantenerlos en oscuridad espiritual, separados de Dios.

Para dar un paso más, salgan a dar «paseos de oración» por su barrio. Al pasar frente a cada casa, pidan al Espíritu Santo que imprima en sus mentes y corazones las necesidades de ese hogar por las que pueden orar. A veces se pueden discernir con los ojos. ¿Viven niños en él? ¿Está la casa bien cuidada o descuidada? ¿Suelen estar sus moradores en casa o rara vez? Observe tanto con sus ojos como con su perspicacia espiritual. Aproveche lo que ve y percibe para alimentar las oraciones de su familia, para que sus vecinos conozcan a Jesús y sientan el amor, la presencia y la provisión de Dios en sus vidas.

Modelo de oración

Señor misericordioso, te presentamos a nuestros vecinos: puede que alguno te conozca; otros no. Pero te pedimos, Señor, que te muestres a todos ellos. Haz que sientan tu amor y tu presencia y, si no te conocen, dales fe para verte, acercarse a ti y recibir tu salvación. Elimina la ceguera espiritual que les impide verte y abrazarte. Y danos oportunidades para mostrarles Tu amor y contarles la Buena Nueva de Jesús. Te pedimos que respondan con fe para que formen parte de Tu familia eterna y de Tu Reino. Amén.

Principios Para La Oración Conjunta

Consejos Para Dirigir Una Reunión De Oración De Grupo Pequeño

A la hora de orar en familia, conviene diseñar un plan sencillo, teniendo en cuenta que los tiempos de oración familiar son informales y fluidos. A medida que su altar de oración crece, ayuda el estar más organizados y preparados para que todos permanezcan unidos y centrados. Las siguientes sugerencias le ayudarán a prepararse para dirigir una reunión de oración en grupo pequeño, con otros familiares, amigos o vecinos, en su casa.

1. Identifique un líder y una misión. Toda reunión de oración necesita un líder. De lo contrario, habrá varias personas tratando de dirigir y nadie sabrá exactamente quién está al

mando. Esto no significa que el líder controla el tiempo de oración, sino que simplemente modera la reunión, se asegura de que se desarrolla sin problemas y escucha la dirección del Espíritu Santo. Además, cada reunión de oración necesita un propósito o misión definidos. Puede ser orar por las necesidades personales de cada uno o por las necesidades de su iglesia, comunidad o escuela. Sin un propósito definido, las oraciones pueden quedar inconexas y el tiempo de oración carecerá de unidad, acuerdo y enfoque.

2. Prepárese. Las reuniones de oración efectivas no ocurren por humana inventiva; el Espíritu Santo atrae a la gente a un lugar de oración cuando Él es invitado.

   a. Prepárese espiritualmente. Busque el corazón del Padre para la reunión y ore por los participantes del grupo. Ore para que el Espíritu de oración impregne a todos los participantes. «*El Señor es el Espíritu; y donde está el Espíritu del Señor, allí hay libertad*» (2 Cor. 3:17).

   b. Prepare la sala. Asegúrese que la sala está preparada de antemano. Haga lo posible para que el lugar en el que se ora sea propicio para un encuentro sin obstáculos con Dios. Debe ser tranquilo, cómodo y libre de distracciones. Ore por adelantado por la sala y por las sillas donde se sentará la gente, y pida a Dios que unja a las personas para elevar oraciones poderosas.

   c. Prepare los recursos. Reúna las peticiones de oración y los informes de alabanza lo antes posible, prepare las Escrituras y planifique la agenda de oración siguiendo la dirección del Espíritu Santo. Decida en oración cómo comunicar la misión de la reunión. Puede preparar un breve esbozo del propósito del grupo de oración, orden del día y directrices para los participantes.

3. Sean puntuales. Tanto si se empieza con una comida, tiempo de fraternidad o directamente con oración, empiecen a tiempo. Esperar a que la gente llegue solo fomenta la impuntualidad y desanima a los orantes que están «listos para empezar». Su invitación puede informar: «Nos reuniremos a las 19:00 y comenzaremos a las 19:15».

4. Establezca un tono continuado para la reunión de oración. Explique la misión del grupo, el plan y cómo se desarrollará la reunión. Comoquiera que las personas tendrán diferentes niveles de madurez y comprensión de la oración, puede ofrecer pautas de participación para que todos estén «en la misma onda». Distribuya un folleto sencillo indicando quién dirigirá, cómo se desarrollará la reunión y cómo pueden todos participar. Se puede informar fácilmente a los recién llegados proporcionándoles la misma información.

5. Cree una mentalidad de oración. Muchos grupos de oración dedican los primeros 45 minutos a presentar sus peticiones y los últimos 15 minutos a orar. Puede planear un breve tiempo de comunión, pero haga hincapié en que el objetivo principal de la reunión es orar. Aunque la reunión pueda incluir una comida, o una breve enseñanza, es esencial preservar el tiempo designado a la oración, especialmente si desea que vuelvan las personas que oran en serio.

6. Escuchen y compartan la dirección de Dios. Como líder, debe permanecer abierto a la dirección del Espíritu Santo para poder conducir gentilmente la reunión. Cuando yo dirijo un grupo pequeño, suelo pedir la opinión de otros miembros del grupo después de escuchar juntos al Espíritu Santo.

7. Incorpore formas de participación para todos. Orar unánimemente no significa que la gente ore siempre de la misma manera. Utilice los puntos fuertes de cada persona para que todos participen. Sea amable, pero firme, al dirigir el grupo, para que nadie domine. Una buena regla general es que cuanto más grande sea el grupo, más cortas deben ser las oraciones. Ponga límites a la duración de las mismas. Intente que todos participen en el tiempo de oración. Si una persona es especialmente tímida o callada (pero sabe que se siente cómoda orando en voz audible), puede pedirle que ore por una petición concreta. Anime a la gente a hacer oraciones basadas en textos bíblicos. Esto ayudará a enfocar las oraciones, conforme a la voluntad de Dios.

8. Mantenga al grupo encarrilado. El líder del grupo de oración debe animar a todos a orar a fondo sobre una petición particular antes de pasar a otra. Dé tiempo para que oren todos los que tengan algo que aportar sobre ese asunto. Si alguien se salta antes de tiempo a una nueva petición, guíe gentilmente el grupo al tema inacabado. Normalmente, una breve pausa de silencio le avisará de que la oración sobre cierto asunto ha terminado y es el momento de pasar a otro.

9. Modele y estimule oraciones llenas de fe. Anime a su grupo a esperar grandes cosas de Dios. Al enfocarse en Su amor y Su fidelidad, en vez de en el problema, la fe de todos crecerá. Oren a Dios esperando obtener una respuesta milagrosa. Hebreos 11:6 (NVI) nos recuerda: «*En realidad, sin fe es imposible agradar a Dios, ya que cualquiera que se acerca a Dios tiene que creer que él existe y que recompensa a quienes lo buscan*».

10. Concluya a tiempo, con una nota positiva. Para ser sensible a las personas que tienen otros compromisos, termine la reunión a tiempo. Es importante terminar con una nota positiva para que la gente espere con agrado la siguiente reunión de oración. Esto puede hacerse por medio de una canción, una oración o un amén sincero. Si el grupo está experimentando un mover especial de Dios que justifique prolongar la reunión, deténgase a la hora señalada y deje que salgan los que tienen que marcharse antes de continuar.

Superando Obstáculos

La unidad es un principio crucial para que las reuniones de oración sean eficaces. Esta guía le ayudará, como líder de grupo, a estar preparado para gestionar las interrupciones, de modo que la reunión se desenvuelva sin problemas y sus oraciones fluyan sin interrupción. Como participante en un grupo, esta guía le ayudará a avanzar en oración ferviente y unánime con los otros.

Evite los acaparadores

En el deporte, un «acaparador» se hace con el balón y no lo suelta. Intentará apoderarse del balón, correr, regatear o chutar mientras los demás le miran. El espíritu de equipo se ve entorpecido, lo que disminuye la probabilidad de que éste resulte vencedor. Lo mismo ocurre con la oración. El que acapara el balón —domina el tiempo de oración— no es un jugador de equipo.

A veces, la persona a quien más le gusta orar, aunque sea muy devota, ¡puede convertirse en acaparador de balones! No obstante, cuando todos aprenden a orar en equipo, experimentarán un nuevo nivel de energía y poder movidos por Dios. Como líder, una manera de acotar al acaparador de pelotas es pedir específicamente a distintos miembros que oren por asuntos particulares, o recordar a la gente, al comienzo de la reunión, que limiten su tiempo de oración para que todos tengan oportunidad de orar. También puede ser necesario mantener una conversación discreta con el infractor después de la reunión.

Agendas personales de oración

Todas las necesidades son reales, pero recuerde que el Espíritu Santo puede desear que ocurra otra cosa. El discernimiento es crítico en este sentido. Aunque el Señor esté guiando a alguno a orar por algo personalmente, puede que no sea eso por lo que Él quiere que se ore en la reunión. Si la carga personal o emocional de alguien sigue pesando mucho, puede preguntarles si desean que otros oren con ellos cuando concluya la reunión. O pregúnteles si les parece bien que la reunión siga adelante para tratar otros temas.

Orar «por el mundo»

Esta clase de oración fluye así: Alguien comienza a orar por Israel, y el Espíritu del Señor comienza a fluir en usted y le da oraciones para rogar por Israel. Pero antes de tener oportunidad de orar, ¡alguien comienza a orar por China! Empieza a sentir lo que Dios quiere que se ore por China, pero antes de poder decir una palabra, ¡otra persona empieza a orar por Irak! Las oraciones por todo el mundo apagan la inercia del grupo. Siga recordando al grupo que deben orar por un solo tema a la vez. Puede que tenga que detenerse y pedir al grupo que concluya un asunto antes de pasar al siguiente. «*Mis queridos hermanos, tengan presente esto: Todos deben estar listos para escuchar, y ser lentos para hablar y para enojarse*» (Sant. 1:19, NVI).

Prisa por entrar en el Trono

Es posible que algunos miembros del grupo quieran lanzarse inmediatamente a hacer peticiones y declaraciones antes de dar tiempo a preparar el corazón y adorar. Como líder de oración, puede que necesite crear un formato adecuado. También puede pedir a algún intercesor experimentado que ofrezca oraciones iniciales de adoración, acción de gracias y confesión. Descubrirá que en algunas reuniones de oración, el Señor puede guiar a dedicar más tiempo a la adoración, o al arrepentimiento, que en otras ocasiones. Cada reunión será única, pero depende del líder el ser sensible al Espíritu y guiar la reunión como corresponde. Comience siempre con acción de gracias y alabanza (véase Salmo 100:1-5).

Falta de perspectiva eterna

Su grupo necesita visión y enfoque: un propósito redentor. Pregunte: ¿Qué está haciendo Dios a gran escala? ¿Qué propósitos redentores tenemos hoy para nuestra oración? ¿Por qué oramos así? Inculque al grupo que se han reunido para cambiar el mundo a través de sus oraciones, ¡que nada es imposible para Dios!

Oraciones Bíblicas por Su Familia

Ore Las Promesas De Dios

Comiencen su tiempo de oración declarando las promesas de Dios. Estas Escrituras nos prometen que nuestro Padre Celestial escucha nuestras oraciones y las contesta. Leer estas promesas aumentará su confianza y su fe. Dios nos asegura que «*la fe es por el oír, y el oír, por la palabra de Dios*» (Rom. 10:17). El libro de Proverbios dice que la muerte y la vida están en poder de la lengua (véase Prov. 18:21). Estos pasajes de Escritura (tomados de la versión Reina Valera-1960) son vida para nosotros y para todos por los que oramos.

Yo apresuro mi palabra para ponerla por obra (Jeremías 1:12).

Para siempre, oh Jehová, permanece tu palabra en los cielos. De generación en generación es tu fidelidad; Tú afirmaste la tierra, y subsiste (Salmo 119:89-90).

Pedid, y recibiréis, para que vuestro gozo sea cumplido (Juan 16:24).

Y todo lo que pidiereis en oración, creyendo, lo recibiréis (Mateo 21:22).

Clama a mí, y yo te responderé, y te enseñaré cosas grandes y ocultas que tú no conoces (Jeremías 33:3).

Si algo pidiereis en mi nombre, yo lo haré (Juan 14:14).

Todo cuanto pidiereis al Padre en mi nombre, os lo dará (Juan 16:23).

La oración eficaz del justo puede mucho (Santiago 5:16).

Orarás a él, y él te oirá (Job 22:27).

Y esta es la confianza que tenemos en él, que si pedimos alguna cosa conforme a su voluntad, él nos oye (1 Juan 5:14).

Y si sabemos que él nos oye en cualquiera cosa que pidamos, sabemos que tenemos las peticiones que le hayamos hecho (1 Juan 5:15).

Y todo lo que pidiereis al Padre en mi nombre, lo haré, para que el Padre sea glorificado en el Hijo (Juan 14:13).

Si permanecéis en mí, y mis palabras permanecen en vosotros, pedid todo lo que queréis, y os será hecho (Juan 15:7).

Así será mi palabra que sale de mi boca; no volverá a mí vacía, sino que hará lo que yo quiero, y será prosperada en aquello para que la envié (Isaías 55:11).

De cierto os digo que todo lo que atéis en la tierra, será atado en el cielo; y todo lo que desatéis en la tierra, será desatado en el cielo (Mateo 18:18).

Otra vez os digo, que si dos de vosotros se pusieren de acuerdo en la tierra acerca de cualquiera cosa que pidieren, les será hecho por mi Padre que está en los cielos (Mateo 18:19).

No me elegisteis vosotros a mí, sino que yo os elegí a vosotros, y os he puesto para que vayáis y llevéis fruto, y vuestro fruto permanezca; para que todo lo que pidiereis al Padre en mi nombre, él os lo dé (Juan 15:16).

Entonces me invocaréis, y vendréis y oraréis a mí, y yo os oiré (Jeremías 29:12).

Y antes que clamen, responderé yo; mientras aún hablan, yo habré oído (Isaías 65:24).

Me invocará, y yo le responderé; con él estaré yo en la angustia; lo libraré y le glorificaré (Salmo 91:15).

Suba mi oración delante de ti como el incienso, el don de mis manos como la ofrenda de la tarde (Salmo 141:2).

Recuerde la promesa de Dios: «*Deléitate asimismo en Jehová, y él te concederá las peticiones de tu corazón Por Jehová son ordenados los pasos del hombre, Y él aprueba su camino*» (Salmo 37:4, 23).

RECLAME LAS PROMESAS DE DIOS PARA SUS HIJOS

La Palabra de Dios está llena de promesas para los hijos y nietos de los que le aman. Declare estos pasajes de Escritura en voz audible y aprópiese de ellos:

Así ha dicho Jehová: «*Reprime del llanto tu voz y de las lágrimas tus ojos, porque salario hay para tu trabajo*», *dice Jehová. Volverán de la tierra del enemigo.* «*Esperanza hay también para tu porvenir*», *dice Jehová, y los hijos volverán a su propia tierra* (Jeremías 31:16-17, RVA-2015).

Tarde o temprano, el malo será castigado, pero la descendencia de los justos se librará (Proverbios 11:21, RVR-1995).

Todos tus hijos serán enseñados por Jehová, y se multiplicará la paz de tus hijos (Isaías 54:13, RVR-1995).

*Dichoso el que teme al S*EÑOR*, el que halla gran deleite en sus mandamientos. Sus hijos dominarán el país; la descendencia de los justos será bendecida.* (Salmo 112:1-2, NIV).

Regaré con agua la tierra sedienta y con arroyos el suelo seco; derramaré mi Espíritu sobre tu descendencia y mi bendición sobre tus vástagos (Isaías 44:3, NIV).

Pero así dice Jehová: Ciertamente el cautivo será rescatado del valiente, y el botín será arrebatado al tirano; y tu pleito yo lo defenderé, y yo salvaré a tus hijos (Isaías 49:25).

Para que el Dios de nuestro Señor Jesucristo, el Padre de gloria, os dé espíritu de sabiduría y de revelación en el conocimiento de él, alumbrando los ojos de vuestro entendimiento, para que sepáis cuál es la esperanza a que él os ha llamado, y cuáles las riquezas de la gloria de su herencia en los santos, y cuál la supereminente grandeza de su poder para con nosotros los que creemos, según la operación del poder de su fuerza (Efesios 1:17-19).

Sí, al guerrero se le arrebatará el cautivo, y del tirano se rescatará el botín; contenderé con los que contiendan contigo, y yo mismo salvaré a tus hijos (Isaías 49:25, NVI).

Y este será mi pacto con ellos, dijo Jehová: El Espíritu mío que está sobre ti, y mis palabras que puse en tu boca, no faltarán de tu boca, ni de la boca de tus hijos, ni de la boca de los hijos de tus hijos, dijo Jehová, desde ahora y para siempre (Isaías 59:21).

Pida Las Bendiciones De Dios Sobre Su Cónyuge

El mejor momento para orar por su cónyuge es *cada vez* que se acuerde de orar por él o ella. Para algunos, las oraciones matutinas por su esposo o esposa son la mejor manera de comenzar su rutina diaria, porque con el ajetreo de la vida es fácil olvidar que tiene gran poder para influir sobre su día a día en la tierra.

Usted es la persona más cercana a su cónyuge. Por el lado positivo, es quien conoce sus mayores triunfos, y por el negativo, comprende sus fracasos y las debilidades que más le limitan. Lo ve todo. Es especial para usted y su familia, y sus oraciones pueden ayudarle a dar lo mejor de sí mismo. Las oraciones matutinas por su cónyuge son un buen punto de partida.

Su matrimonio significa que ocupa una posición privilegiada en su vida espiritual y tiene la oportunidad de invertir tiempo, energía e incluso dinero en ese aspecto íntimo y personal de sus vidas. Sin embargo, muchas veces es fácil olvidar que las oraciones por su esposo o esposa serán más eficaces si proceden de usted. ¿Sabe usted lo poderosas que son sus oraciones por su cónyuge?

¿Sabía que su inversión en oración por su cónyuge obtendrá beneficios? (Véase Isaías 55:11.)

Así pues, ¡comencemos!

Una Oración Matutina Por Mi Esposo

Una oración matutina por su día

Querido Señor, pongo el día de mi esposo ante ti. Te ruego que él sienta Tu presencia hoy de una manera fuerte y enérgica. Espíritu Santo, guía sus manos y ojos hacia los lugares adecuados. Señor, que encuentre su identidad en Ti ante todo, que disfrute de los demás, y que no se esfuerce por obtener su respeto o su admiración, pero te pido que los demás noten su firmeza de corazón y le honren de todos modos.

Concédele favor en el trabajo, con su familia, conmigo y, sobre todo, que halle favor en Ti. Por último, te ruego que todas sus palabras y actos de este día te agraden, Señor.

Una oración matutina por seguridad

Señor, que salga y vuelva a casa sano y salvo, que no le ocurra ningún mal.

Una oración matutina de bendición

Señor, bendigo a mi esposo con sabiduría, conocimiento y entendimiento en cada decisión que tome hoy. Le bendigo con un corazón de esposo fiel y con capacidad para ser un padre amoroso, atento y entregado a nuestros hijos. Por último, gracias por conceder a mi esposo Tu favor e influencia para sentarse entre los ancianos a las puertas de nuestra ciudad (véase Prov. 31:23).

Una oración matutina por mi actitud hacia él

Padre Celestial, dame ojos para apreciar lo mejor de mi esposo cuando llegue a casa esta noche. Te ruego que yo pueda ver su cansancio y saber cómo ayudarle y animarle. Señor, dame discernimiento para saber cómo servirle en Tu amor.

Una oración matutina por sabiduría en el trabajo

Oh Señor, por favor, ábrele las puertas de Tu favor y dale la sabiduría que necesita para aprovechar cada nueva oportunidad. Permítele sentir el estímulo de Tu presencia mientras se concentra en su trabajo.

Por último, te pido le des una porción extra de sabiduría, y que sienta la guía de Tu Espíritu Santo a lo largo del día. En el nombre de Jesús. Amén.

Una Oración Matutina Por Mi Esposa

Una oración matutina por su día

Padre Celestial, esta mañana te pido que bendigas a mi esposa. Derrama Tu Espíritu de amor nuevamente en ella para que Tu vida salpique a todos los que la traten hoy. Sonríe a mi esposa con favor y sé misericordioso con ella. Guíala hoy, dale Tu paz, y dirige sus pasos por Tu Espíritu Santo.

Una oración diaria por fortaleza y seguridad

Señor, fortalece a mi esposa y mantenla a salvo; cúbrela con Tus alas y rodéala con Tu escudo de protección.

Dale la gracia de entregar todas sus preocupaciones y afanes a Ti, para que camine en Tu paz y no sea sacudida (véase Salmo 55:22).

Una oración matutina de bendición

Padre, concede a mi esposa los deseos de su corazón y haz que todos sus planes tengan éxito (véase Salmo 20:4). Muestra a mi esposa Tu amorosa bondad y Tu misericordia. Bendícela con Tu presencia amorosa y haz brillar Tu rostro sobre ella. Querido Señor, revela la belleza de Tu amor a través de mi esposa y llénala con el poder y la plenitud de Tu Espíritu Santo.

Una oración matutina por sabiduría

Señor, llena a mi esposa con Tu entendimiento y sabiduría divina que viene de lo alto. Tu sabiduría es amante de la paz, considerada, llena de misericordia y da buenos frutos. Dale discernimiento para conocer lo mejor, lo puro e irreprochable. Y llénala de fruto mientras camina delante de Ti en justicia (véase Fil. 1:9-11).

Padre Dios, aumenta la firmeza de su confianza en Ti. Llénala de conocimiento y entendimiento de Tu Palabra. Haz que su corazón sea fuerte y fiel a Ti.

Una oración matutina por paz, gozo y amor

Dios de Paz, da a mi esposa Tu paz que sobrepasa todo entendimiento en todo momento y en toda circunstancia. Llénala de alegría. Haz que abunde más y más en

Tu amor. Fortalécela en Ti, para que pueda llevar a cabo todo lo que Tú la has llamado a hacer (véase Fil. 4:7).

Te pido especialmente que ella sepa hoy cuánto la amamos Tú y yo.

En el nombre de Jesús. Amén.

Ore Por Victoria Para Un Matrimonio Con Problemas

Ore esto por su propio matrimonio o adáptelo para el matrimonio de un familiar o un amigo.

Él sana a los quebrantados de corazón, y venda sus heridas (Salmo 147:3).

Envió su palabra, y los sanó, y los libró de su ruina (Salmo 107:20).

Basándonos en la promesa que hace Dios en estas Escrituras, nos ponemos de acuerdo como pareja para la total sanidad, reconciliación y restauración de nuestro matrimonio. Concordamos con Tu Palabra que afirma que lo que Dios ha unido nadie lo separará (véase Marcos 10:9).

Bendecimos nuestro matrimonio y te pedimos lo mejor para nuestras vidas y nuestra familia. Que hoy sepamos lo mucho que nos amas y te pedimos que pongas ese amor en nosotros por el otro. Te pedimos que nos acerques más a Ti y uno al otro. Infunde vida y sanación en nuestro matrimonio.

Una oración de amor

Te pedimos que nos des la fuerza y la pasión para ofrecernos mutuamente el amor, el perdón y la misericordia a los que hace referencia 1 Corintios 13: «*El amor es sufrido, es benigno; el amor no tiene envidia, el amor no es jactancioso, no se envanece; no hace nada indebido, no busca lo suyo, no se irrita, no guarda rencor; no se goza de la injusticia, mas se goza de la verdad. Todo lo sufre, todo lo cree, todo lo espera, todo lo soporta. El amor nunca deja de ser*» (1 Cor. 13:4-8).

Una oración por fortaleza y dirección

Te pedimos sabiduría y fortaleza para saber cómo gestionar toda situación que pueda sobrevenir en nuestro matrimonio. Te pedimos que el poder de Tu Espíritu Santo permanezca vivo y activo en nosotros, que escuchemos Tu voz con claridad y que nos guíes en cada decisión que tomemos (véase Salmo 55:22).

Sanidad en tiempos difíciles

Señor, venimos a Ti con todo nuestro corazón en estos tiempos difíciles y dolorosos. Sánanos: espíritu, alma, mente y cuerpo. Sé nuestro sostén durante este tiempo de prueba y ayúdanos a elegir palabras y acciones vivificantes en lugar de pérdida o dolor.

Discernimiento y valentía

Dios de Verdad, danos a cada uno de nosotros la gracia de reconocer maneras en las que hemos contribuido a crear problemas en nuestro matrimonio. Ayúdanos a estar dispuestos a permitirte hacer los cambios necesarios. Danos a cada uno de nosotros el valor de dar el primer paso hacia el perdón y la reconciliación.

Para romper ataduras

Rompemos las ataduras de (mencionen cosas, como pérdidas, abandono, adicción e ira) que el enemigo ha tendido sobre nuestras vidas. Cortamos raíces de amargura y de juicio, y te pedimos que ablandes nuestros corazones para Contigo y para con los demás.

Cuando sea oportuno ore así:

Padre misericordioso, lleva a mi cónyuge cara a cara contigo, tal como el hijo pródigo despertó, se dio cuenta de que iba en la dirección equivocada y regresó a la casa de su padre. Me pongo en la brecha y clamo a Ti, Dios Poderoso, para que protejas a mi cónyuge del maligno que intenta robar, matar y destruir nuestras vidas y nuestro matrimonio (véase Lucas 15:11-31; Juan 10:10-11).

Te pido, Señor, que des a mi esposo un corazón tierno para buscarte e invocarte. Te pido que abras el corazón de mi esposo para que desee restaurar nuestro matrimonio y traer sanidad a nuestra familia. Te pido que nos guíes a Tus mejores consejeros y asesores que puedan ayudarnos a liberarnos de patrones que no son saludables (véase Sant. 1:5; 3:17; Prov. 1:5).

Yo declaro, Jesús, que Tu poder destruye toda fortaleza demoníaca que opera en o sobre la vida de mi esposo (o esposa). Jesús, gracias que Tu sangre es suficiente para vencer cada ataque, asignación, o fortaleza que el enemigo lanza sobre nuestro matrimonio. A causa de Tu obra en la cruz, puedo declarar Tu palabra: que ninguna arma forjada contra mi cónyuge, mi matrimonio, o mi familia prosperará, y ninguna palabra negativa dicha contra nosotros tendrá efecto. Reclamo ahora una victoria total y completa y la restauración de nuestro matrimonio.

En el nombre de Jesús, ato toda influencia de maldad y las alejo de mi cónyuge: espíritu de orgullo, falta de perdón, amargura, ofensa y división, espíritu de separación, divorcio y adulterio. Les prohíbo operar en la vida de mi cónyuge. Señor, gracias porque Tu bondad conduce al arrepentimiento. Tu amor se extiende primero a nosotros para que seamos capaces de responder con amor a Ti y a los demás.

Este no es el final de la historia de nuestro matrimonio. Tu plan es acercarnos a Ti, liberar nuestros corazones, acabar con el ciclo de ira, amargura y falta de perdón, y ponernos de acuerdo con Tu plan. Confío en Ti y en Tu poder para lograr una gran victoria. Tú eres el Dios de los milagros. Confío en Ti para que hagas milagros en nuestro matrimonio hoy. En el nombre de Jesús. Amén.

Ore Por Sus Seres Queridos Para Que Conozcan A Cristo

Pero, si nuestro evangelio está encubierto, lo está para los que se pierden. El dios de este mundo ha cegado la mente de estos incrédulos, para que no vean la luz del glorioso evangelio de Cristo, el cual es la imagen de Dios (2 Corintios 4:3-4, NVI).

*Cree en el Señor Jesús; así tú y tu familia seréis salv*os (Hechos 16:31, NIV).

- Oren para que el corazón de las personas esté preparado; que sean «buena tierra» para la semilla (véase Marcos 4:8).

- Oren para que satanás no pueda robar la semilla de la verdad y para que nada pueda destruir la semilla (véase Marcos 4:15-19).

- Oren para que la Palabra se convierta en revelación y se descorra el velo (véase 2 Cor. 4:3-4). Un versículo excelente para elevar en oración es Efesios 1:17 «*Para que el Dios de nuestro Señor Jesucristo, el Padre de gloria, os dé Espíritu de sabiduría y de revelación en el conocimiento de él*».

- Oren para que se quiebre en ellas la raíz de soberbia (véase 2 Cor. 10:3-5).

- Oren para que las personas se arrepientan de verdad:

Que Dios les conceda el arrepentimiento para conocer la verdad, de modo que se despierten y escapen de la trampa en la que el diablo los tiene cautivos, sumisos a su voluntad (2 Tim. 2:25-26; véase también 2 Pedro 3:9, NVI).

Mientras oramos, démonos cuenta de que «aunque vivimos en el mundo, no libramos batallas como lo hace el mundo. Las armas con que luchamos no son del mundo, sino que tienen el poder divino para derribar fortalezas. Destruimos argumentos y toda altivez que se levanta contra el conocimiento de Dios, y llevamos cautivo todo pensamiento para que se someta a Cristo» (2 Corintios 10:3-5, NVI).

Use las armas de Dios

- Todas las formas de oración. Súplica, acuerdo con otros cristianos, aflicción, oración en el Espíritu, atar y desatar: cualquier forma de oración bíblica (véase Efe. 6:18).
- Alabanza. Alaben siempre a Dios, con acción de gracias, por la salvación de la(s) persona(s) por quien/es) oran. Él es fiel (véase Salmo 149:5-9).
- La Palabra de Dios. Orar y declarar Escrituras que se aplican a su situación libera gran poder contra el enemigo (véase Ef. 6:17).
- El nombre de Jesús. Orar en el nombre que es sobre todo nombre, Cristo Jesús, y en la autoridad que Él nos ha dado,

ata poderes demoníacos y sujeta fortalezas (véase Lucas 10:17).

En oración diaria, libre guerra espiritual por su ser querido.

Somos humanos, pero no luchamos como lo hacen los humanos. Usamos las armas poderosas de Dios, no las del mundo, para derribar las fortalezas del razonamiento humano y para destruir argumentos falsos. Destruimos todo obstáculo de arrogancia que impide que la gente conozca a Dios. Capturamos los pensamientos rebeldes y enseñamos a las personas a obedecer a Cristo (2 Corintios 10:3-5, NLT).

Pidan a su Padre celestial que les ayude a identificar las fortalezas que influyen en el sistema de creencias de su ser querido que le impiden aceptar a Jesús. Luego, en el nombre de Jesús, «aten» esos obstáculos y prohíban que operen en contra de su ser querido. Esos obstáculos pueden ser razonamientos paganos o calculadores, lógica o sabiduría humana, o información errónea adquirida con el paso del tiempo que rige su forma de pensar. Esos sistemas de creencias paganas pueden ser filosofías, religiones falsas (humanismo, ateísmo, hinduismo, budismo, islamismo, racismo, intelectualismo, judaísmo, materialismo), raíces de rechazo, perversiones, alcoholismo y otras adicciones que hacen que una persona rechace a Jesús.

Oren:

En el nombre del Señor Jesucristo, te destruyo, atadura de _____.

Padre Dios, derribo y destruyo toda altivez levantada contra el conocimiento de Dios en la vida de mi ser querido (véase 2 Cor. 10:5). Señor, te pido que arranques la raíz del orgullo (que implica el deseo de gobernar nuestra propia vida y decidir por nosotros mismos lo que es justo o injusto, y, básicamente, convertirnos en nuestro propio dios).

Llevo cautivo todo pensamiento de mi ser querido a la obediencia de Cristo (se refiere a los pensamientos espontáneos y tentaciones que usa satanás para asaltar a los incrédulos, así como a los planes y esquemas que usa para mantenerlos en oscuridad). Te pido, Dios, que protejas a mi ser querido de los pensamientos y tentaciones de satanás.

En el nombre del Señor Jesucristo, ato toda fortaleza de _____ que ha cegado los ojos de mis seres queridos, y pido que la verdadera luz de Dios brille sobre sus corazones.

Anímese:

El Señor no retarda su promesa, según algunos la tienen por tardanza, sino que es paciente para con nosotros, no queriendo que ninguno perezca, sino que todos procedan al arrepentimiento (2 Pedro 3:9).

Adaptado de Dutch Sheets, *How to Pray for Lost Loved Ones (Cómo orar por seres amados perdidos)* (Ventura, CA: Regal Books, 2001).

Salmo 91 - Oraciones De Protección Por Mi Familia

Personalizada sobre el Salmo 91

1. Mi familia y yo vivimos a la sombra del Todopoderoso; protegidos por el Dios que está por encima de todos los dioses.

2. Esto declaro: que solo Él (Jehová Dios) es el refugio de mi familia, nuestro lugar seguro; Él (el Señor Todopoderoso) es nuestro Dios, y en Él confiamos.

3. Porque Él nos rescata, a mi familia y a mí, de toda trampa y nos protege de plaga mortal.

4. ¡Él (Dios Todopoderoso) protegerá a mi familia bajo sus alas! Ellas nos cobijarán. Sus fieles promesas son nuestra armadura.

5. Ya no tememos la oscuridad, ni los peligros del día.

6. No tememos las plagas de las tinieblas, ni los desastres en la mañana.

7. Aunque caigan mil a nuestro lado, aunque mueran diez mil en derredor nuestro, el mal no nos tocará.

8. Mi familia verá el castigo de los malvados, pero nosotros no lo compartiremos.

9. ¡Porque Jehová es nuestro refugio! Elegimos al Señor de los cielos y de la tierra, que está por encima de todos los dioses, para resguardarnos.

10. ¿Cómo, pues, puede alcanzarnos el mal o acercarse alguna plaga?
11. Pues Él ordena a Sus ángeles que nos protejan dondequiera que vayamos.
12. Nos sostendrán a mi familia y a mí con sus manos para evitar que tropecemos con las piedras del camino.
13. Mi familia y yo podemos transitar seguros junto a un león o destruir serpientes venenosas, e ¡incluso pisotearlas bajo nuestros pies!
14. El Señor declara que por cuanto mi familia y yo le amamos, él nos librará; Dios nos engrandecerá porque confiamos en su nombre.
15. Cuando invoquemos al Señor, Él nos responderá; estará con nosotros en la angustia, nos rescatará y nos honrará.
16. Dios nos colmará, a mi familia y a mí, con larga vida y nos dará Su salvación.

Oraciones Por Sanidad

Os digo, que si dos de vosotros se pusieren de acuerdo en la tierra acerca de cualquiera cosa que pidieren, les será hecho por mi Padre que está en los cielos. Porque donde están dos o tres congregados en mi nombre, allí estoy yo en medio de ellos (Mateo 18:19-20).

Basados en la promesa que Dios nos hace en esta Escritura, nos ponemos de acuerdo con (insertar nombres) _____ para liberar todas las cosas que Dios estime convenientes para que caminen en perfecta salud y sanidad.

Te damos gracias, Jehová Rapha (el Señor que sana), porque estás sanando milagrosa, total y completamente a _____ y restaurando su plena salud, fuerza, movilidad y vitalidad. Declaramos, en el nombre de Jesús, que en virtud de Aquel que soportó penas y dolores, pecados y enfermedades de los enfermos, por sus llagas han sido sanados (véase Isaías 53:4-5).

¿Acaso no ha dicho Dios: «*Él da esfuerzo al cansado, y multiplica las fuerzas al que no tiene ningunas* [hace que se le multipliquen y abunden]?» (Isaías 40:29).

Declaramos, en el nombre de Jesús, que ninguna plaga puede acercarse a ellos (véase Salmo 91:10). Ninguna enfermedad, germen, virus, o bacteria destructiva puede vivir en ninguna parte de su cuerpo —que cualquier enfermedad, germen, virus, o bacteria destructiva que trate de prosperar en su cuerpo sean quemados por el poder del Espíritu Santo.

Declaramos Tu palabra sobre _____ , que «*nada hay encubierto, que no haya de ser manifestado; ni oculto, que no haya de saberse*» (Mateo 10:26). Por fe, nos ponemos de acuerdo en que Tú estás revelando la solución perfecta para librar su cuerpo de toda enfermedad. Declaramos que toda bacteria y toda enfermedad deben ceder ante el nombre de Jesús, que no pueden desafiar ni resistir la Palabra y el poder sanador de Dios.

Te damos gracias, Señor, por dar sabiduría divina a (_____ insertar el nombre del médico/s) y acorde con Tu perfecta voluntad en cómo tratar a _____.

Te damos gracias porque solo cosas buenas y beneficiosas serán aplicadas a _____ y que ellos recibirán Tu mejor tratamiento médico.

Señor, Tú nos dijiste que ésta es la confianza que tenemos al acercarnos a Ti, que si pedimos alguna cosa conforme a Tu voluntad, Tú nos oyes. Y si sabemos que Tú

Oraciones Por Sanidad

nos oyes —pidamos lo que Te pidamos— sabemos que tenemos lo que Te pedimos. Por lo tanto, permanecemos confiados en fe, sabiendo que Tú escuchas y contestas nuestras oraciones, en el nombre de Jesús. Amén (véase 1 Juan 5:14-15).

Oraciones Bíblicas Por Un Despertar Espiritual En La Nación

Las secciones en negrita son características o condiciones de la vida de las personas cuando están siendo preparadas o visitadas por un mover del Espíritu Santo. Cuando ore así, pida a Dios que venga, prepare los corazones de Su pueblo y atraiga a Cristo a los que no lo conocen.

Pido a Dios misericordia sobre nuestras vidas
Basada en el Salmo 85:4-7, Lam. 3:22 y Daniel 9:18-19.

Padre Santo, vengo ante Ti en el nombre de Jesús; humildemente imploro Tu misericordia sobre mi vida, la Iglesia y esta nación. Señor, ayúdanos a comprender profundamente y con corazón contrito que merecemos mucho más Tu juicio que Tu bendición. Nuestra nación ha pisoteado Tu gran nombre; todos hemos quebrantado Tu Palabra, pero suplicamos Tu perdón y Tu misericordia.

Oro por un espíritu de quebrantamiento y arrepentimiento

Basada en el Salmo 51:7, Prov. 28:13 y 2 Cor. 7:1-10

Dios Justo, por favor envía por Tu Espíritu una convicción abrumadora de nuestro pecado, de mi pecado, y concédenos a todos un profundo y sincero quebrantamiento y genuino arrepentimiento. Vuélvenos a Ti y al propósito de Tu Reino. Concede a nuestra nación y a Tu pueblo una verdadera tristeza santa que nos conduzca a apartarnos de nuestros estilos de vida malos. Llénanos de temor santo y de reverencia a Tu nombre. Purifica a Tu Iglesia, purifícame a mí, para Tu glorioso propósito.

Oro por valentía, santidad y poder para los líderes cristianos

Basada en 1 Tim. 3:1-2, 2 Tim. 1:6-7 y 1 Cor. 2:4

Dios todopoderoso, vivifica Tu Palabra y Tu Espíritu en nuestros líderes, con profundo arrepentimiento, poder dinámico y una renovada pasión por Ti. Transforma las mentes y los corazones de los líderes de Tu Iglesia, dales una pasión ardiente para buscar Tu rostro con santo denuedo, y pasión ardiente para vivir sin concesiones.

Oración por un íntimo retorno a Ti en ferviente oración

Basada en Jer. 29:13, Salmos 24:3-5, Mateo 5:6, 21:13 y Sant. 4:8, 5:16

> Santo Dios, da a tu Iglesia y dame a mí sed ardiente de tu presencia y pasión por una oración eficaz y ferviente. Acércanos a Ti, danos manos limpias y corazones puros. Señor, danos hambre y sed de Ti antes que nada. Transforma el corazón de tu Iglesia, transforma mi familia, y a mí, para que seamos casa de oración para todas las naciones.

Oro por la unidad de la Iglesia y la restauración de las familias

Basada en Juan 13:34-35, 15:12, 17:20-22 y 1 Cor. 1:10

> Padre Santo, por favor infunde unidad en Tu Iglesia y armonía en Tu pueblo. Danos un corazón y una mente para amarte a Ti y a los demás. Ayúdanos a derribar en humildad las fortalezas de la división y a servir unidos para cumplir el propósito de tu Reino en este país. Concede un corazón de amor, perdón y reconciliación a las familias cristianas de todo el mundo, incluida mi propia familia. Restaura en nosotros un corazón fiel a Ti y un fuerte deseo de formar parte de la edificación de Tu Reino.

Oro por pasión para difundir las Buenas Nuevas de Dios

Basada en Juan 3:16, Lucas 19:10, Hech. 1:8, Rom. 5:5, 9:1-3 y 2 Pedro 3:9

> Señor misericordioso, llena Tu Iglesia, lléname a mí, de pasión ardiente por los que están perdidos y mueren sin Cristo. Concédenos la misma sencillez de corazón y propósito que diste a Jesús por los que aún no te conocen.

Oro por pasión por Tu Misión

Basada en Mateo 18:12, 24:14, 28:19, Lucas 19:10 y Hech. 1:8

> Santo Dios, fortalece a tu pueblo, fortaléceme a mí, para que arda de pasión por cumplir el propósito de Tu Reino en el lugar donde nos has plantado. Concédenos un celo ardiente para expandir Tu Reino.

Oro por más obreros

Basada en Mateo 9:37-38, Hech. 1:8

> Señor de la mies, despierta a miles de creyentes para que cumplan la misión de tu Reino e irradien la luz y el amor de Cristo. Envía una avalancha de obreros a Tu mies.

Oro por pureza de intenciones y el propósito de Tu Reino

Basada en Mateo 6:33, Heb. 4:12 y Sant. 4:1-4

> Señor Santísimo, te pedimos que profundices nuestro entendimiento y purifiques nuestros motivos para un

poderoso despertar espiritual. Señor, enséñanos a buscar Tu rostro, no solo Tu mano. Haz que te busquemos a Ti primero, no solo Tu consuelo y Tus bendiciones. Querido Dios, enséñanos a orar para que Tu gloria, honor y alabanza llenen la tierra.

Oro por la salvación y sabiduría para los gobernantes y los líderes sociales

Basada en Salmos 2:8, Rom. 2:4 y 1 Tim. 2:1-4

Padre Santo, te pido urgentemente un poderoso mover de tu presencia y convicción de pecado que llene los pasillos de las oficinas gubernamentales. Levanta el espíritu de santidad, justicia y verdad en cada lugar de influencia cultural. Te pedimos que derrames Tu presencia transformadora, compunción y poder salvador sobre los dirigentes del gobierno, educadores, medios de comunicación, periodistas e industrias de entretenimiento y deporte. Te pedimos que reveles Tu gracia y Tu bondad para que se conviertan a Cristo millones de personas en cada comunidad de influencia cultural.

Oro por un avivamiento general en la Iglesia

Basada en el Salmo 80:19, 85:6, Isaías 57:15, 2 Cró. 7:14 y Sant. 4:8

Justísimo Señor, te pido que envíes un avivamiento arrollador y despiertes a Tu Iglesia. Cueste lo que cueste poner de rodillas a Tu Iglesia, prepara el terreno de nuestros corazones. Padre, no te rogamos que se cumplan fines superficiales y egoístas, sino que Tu gran gloria y Tu Reino prevalezcan. Haz que acudamos a Ti con verdadera humildad, quebrantamiento y contrición de corazón.

Oro por un Despertar Espiritual en el mundo y una Gran Cosecha

Basada en Isaías 64:1, Mateo 24:14, 2 Pedro 3:9 y Apo. 22:17-20

Dios Soberano, te pedimos que abras los cielos y manifiestes Tu imponente presencia. Te pedimos que reveles Tu innegable bondad y el poder de Tu salvación a toda la tierra, que atraigas multitudes sin precedentes a Tu Hijo, Cristo Jesús. Te pedimos que Te levantes y Te reveles con mayor majestad que en cualquier avivamiento anterior. Poderoso Dios, te pido una gran cosecha de almas en esta generación, antes del glorioso regreso de Cristo Jesús.

Oraciones Bíblicas por Las Generaciones Emergentes

*L**evántese Dios, sean esparcidos sus enemigos, y huyan de su presencia los que le aborrecen* (véase Salmo 68:1).

El Señor tiene un gran plan para esta generación emergente: llevará el Evangelio a todas las esferas de influencia y luchará por las claves culturales de la nación. Al mismo tiempo, el enemigo trabaja activamente concibiendo estrategias para destruir a nuestros hijos. Al igual que intentó matar a José, Moisés y Jesús, quiere impedir que esta nueva generación cumpla el destino que Dios le ha asignado.

Como padres piadosos y miembros del Reino de Cristo, debemos educar a la próxima generación en la verdad de Dios y cubrirla con ferviente oración para vencer la desesperanza, las adicciones, el desánimo y la perversión.

Es hora de acompañar a esta generación en las batallas de su vida, e interceder por la preservación de su destino.

Luchar con propósito y destino

Padre Celestial y Creador de toda vida, Tú has soñado un sueño único para cada ser humano. Por eso, clamamos y declaramos que «¡El destino de nuestros hijos será preservado!»

Concede a esta nueva generación visión y un sentido de propósito respecto a su futuro. Padre Dios, ¡es hora de restaurar esta generación y llevarla a la plenitud de Tu corazón! Levanta hijos e hijas con propósito y destino piadosos para que luchen por el futuro de nuestra nación (véase Isaías 22:22). Levanta a los que van a liderar el camino de la rectitud y la justicia en cada monte de influencia cultural. Que ellos, como David, cumplan el propósito de Dios en su generación (véase Hech. 13:36).

Discernir relaciones vivificantes

Padre Dios, Tú dijiste que lo importante para Ti no son las apariencias externas, sino la condición del corazón. Da a nuestros hijos e hijas corazones puros. Dales discernimiento piadoso a la hora de elegir a sus amigos. Revélales la importancia de un buen carácter más que la apariencia o la popularidad (véase 1 Sam. 16:7). Dales valor y sabiduría divina para mantenerse alejados de relaciones que les lleven por el camino de la destrucción. Pon en sus caminos mentores que les proporcionen vida, amistades y, en el tiempo oportuno, la pareja de por vida que Tú has elegido para que caminen juntos y cumplan el llamado que les ha dado.

Hallar la libertad

Jesús, Tú eres el gran libertador. En Tu nombre, Señor Jesús, Te pido que Te levantes y luches contra los enemigos de nuestros hijos y les guíes a Tu salvación. Intercedo por liberación del espíritu de rebeldía, liberación de la adicción sexual, y liberación de las drogas y el ocultismo. Pedimos liberación espiritual para nuestros hijos y para la juventud de la nación (véase Isaías 49:25). Ábreles los ojos para que descubran la vida abundante que solo se obtiene mediante una estrecha e íntima relación con Jesucristo (véase Juan 10:10).

Sanar la ausencia paternal

Abba Padre, Tú dijiste que serías un Padre para los huérfanos (véase Salmo 68:5). Clamo por esta generación emergente y te pido que derrames Tu corazón de Padre y los sanes. Libra a nuestros hijos de un espíritu de muerte y hazles libres en Tu vida abundante.

Levanta padres espirituales en toda la nación para amarles y guiarles en el cumplimiento de su destino y la vocación que Dios les ha dado.

Gracias por Tu promesa de enviar el espíritu de Elías para volver los corazones de los padres a los hijos y de los hijos a los padres (véase Mal. 4:6). Por tanto, te pido confiado, en el nombre de Jesucristo, que restaures y sanes las relaciones rotas entre padres, madres, hijos e hijas.

Levanta una generación de hombres presentes, comprometidos y fieles. Te pido que se levanten padres y madres que enseñen a sus hijos Tus caminos y la reverencia del Señor.

Hoy Te pido, Dios, que liberes un movimiento de discipulado que lleve a una generación huérfana a la profunda seguridad de afiliarse contigo.

Victoria sobre la desesperanza

En el poderoso nombre de Jesús, echo fuera todo pensamiento de suicidio, depresión, desesperanza y desesperación y declaro que son eliminados de la vida de nuestros hijos. Padre Dios, anímales hoy y envía a alguien que les haga saber cuánto los amas.

Gracias, Señor, porque Tus pensamientos para con nuestros hijos son pensamientos de bien y de paz, y no de mal, para darles un futuro y una esperanza (véase Jer. 29:11). Por tanto, te rogamos expectantes y confiados que nuestros hijos experimenten la salvación y la alegría que emanan de conocerte.

Protección contra el maligno

Dios todopoderoso, libra a esta nueva generación del mal y de todos los planes del enemigo que viene a robar, matar y destruir (véase Juan 10:10). En el nombre de

Jesús, declaro que ninguna arma forjada contra nuestros hijos prosperará en este día (véase Isaías 54:17).

Te pido, Gran Pastor, que apartes los pasos de nuestros hijos del camino de la muerte y la destrucción. Pon escudo alrededor de ellos para protegerlos espiritual, física, mental y emocionalmente. Despliega Tus ángeles alrededor de ellos para protegerlos y mantenerlos en los caminos del Señor (véase Salmo 91:11). Me aferro a Tus promesas de protección y declaro que siempre saciarás a nuestros hijos con larga vida y les mostrarás Tu salvación (véase Salmo 91:16).

Prosperidad en la escuela

Señor, te pido que guíes los pasos de cada niño de esta generación a escuelas donde mejor aprendan y prosperen. Bendícelos con Tus mejores maestros espirituales y académicos. Envía influencias piadosas a nuestros hijos que les alienten en sus estudios y en su caminar con Jesucristo. Protege a nuestros hijos de distracciones que les alejen de Ti y de la educación y carrera que Tú tienes para ellos.

Concede a nuestros niños y jóvenes el coraje de decir «no» a la presión negativa de sus compañeros. Protégelos para que no se involucren en pandillas, drogas, sexo y otras actividades destructivas que puedan haberse infiltrado en sus escuelas. Que experimenten la escuela como un lugar de seguridad, protección y crecimiento personal, que reciban una educación buena y piadosa.

Aíslalos con Tu verdad y fortalécelos con Tu espíritu mientras caminan por este mundo.

Desatar avivamiento juvenil

Dios de Avivamiento, levanta a esta joven generación para prender un despertar espiritual por toda la nación, envía una santa y purificadora inundación de Tu presencia que arrastre millones de jóvenes al Reino de Dios (véase 1 Juan 1:7). Declaro que la sanidad y la liberación caigan sobre la nación y el Shalom de Dios colme a nuestros hijos e hijas (véase Isa. 54:13). Señor de la mies, derrama tu prometida lluvia de salvación y refrigerio sobre nuestros hijos e hijas (véase Joel 2:28). Levanta jóvenes que no se avergüencen del Evangelio y que liberen el poder de Tu buena nueva para que arda por toda la tierra.

Siete Oraciones Vivificantes Por Su Iglesia

Ore Por:

1. Una atmósfera de «cielos abiertos» que reclame la presencia de Dios, el temor del Señor en cada culto, y rompa todo obstáculo a lo que Dios quiere hacer (véase Deut. 28:12). El poder sobrenatural de Dios se percibe y se ve.

2. Un ambiente que invite a la humildad, el arrepentimiento y el perdón: «*¿Quién subirá al monte del SEÑOR? ¿Quién permanecerá en su lugar santo? El limpio de manos y puro de corazón que no ha elevado su alma a la vanidad ni ha jurado con engaño*» (Salmo 24:3-4, RVA-2015).

3. Una atmósfera propicia para escuchar y discernir la voz de Dios: sensibilidad del liderazgo y de la congregación

para escuchar del Espíritu Santo lo que Dios quiere que hagamos y el momento de hacerlo (véase Juan 10:27; Heb. 3:7-8).

4. Una atmósfera de libertad: manifestada en la proclamación del Evangelio impulsada por el Espíritu, que sienta las bases de la verdad bíblica, da como resultado gran cosecha de almas y libera a los creyentes para cumplir el llamado que Dios les ha dado (véase Isaías 61:1-11; Daniel 11:32); una atmósfera de alabanza exuberante y llena de gozo y una adoración extraordinaria que honra a Dios y rompe con el desánimo y la opresión (véase Salmo 95:1-3).

5. Una atmósfera de fe y esperanza: cuando la gente cree que nada es imposible para Dios; ningún problema es demasiado grande para Él (véase Mateo 19:26).

6. Una atmósfera de bendición y prosperidad económica: abrazar la creencia de que Dios desea proveer para su pueblo y para la obra de su Reino. La gente tiene fe para dar generosamente y cosechar beneficios materiales y para el Reino (véase 2 Cor. 9:8; Lucas 6:38).

7. Un ambiente propicio para la visión: visión interior —lo que Dios quiere hacer en la iglesia— y visión exterior —cómo orar por la comunidad y transformarla fuera de las cuatro paredes del templo (véase Mateo 28:19).

Notas

Capítulo 1: La visión: Iluminar a la nación

1. Norman V. Williams, *How to Have a Family Altar*, (Chicago, IL: Moody Press, 1951), 2.

Capítulo 2: ¿Qué es un altar? ¿Por qué necesita uno su familia?

1. Cheryl Sacks, *The Prayer Saturated Family* (Minneapolis, MN: Chosen, a Division of Baker Publishing Group, 2016), 37-38.
2. Ibid., 93.
3. John Mulinde and Mark Daniel, *Prayer Altars* (Orlando, FL: World Trumpet Mission Publishing, 2013), 58.
4. Ibid., 59.

Capítulo 3: Por qué Satanás se opone a la familia: ¡Es una guerra total!

1. Véase Hechos 11:14; 16:14, 31.

2. Branka Vuleta, "Divorce Rate in America: 35 Stunning Stats for 2022," Blog, Legal Jobs, January 28, 2021, https://legaljobs.io/blog/divorce-rate-in-america.
3. Manny Alvarez, "Porn Addiction: Why Americans are in More Danger Than Ever," Fox News Mental Health, January 16, 2019, https://www.foxnews.com/health/porn-addiction-why-americans-are-in-more-danger-than-ever.
4. NetNanny, "The Detrimental Effects of Pornography on Small Children," December 19, 2017, https://www.netnanny.com/blog/the-detrimental-effects-of-pornography-on-small-children.
5. Véase Mateo 5:27-28; 19:18; 1 Corintios 6:9-11.
6. Véase Gén. 1:27-28.
7. Kyle Morris and Sam Dorman, "Over 63 Million Abortions have Occurred in the US since Roe v. Wade Decision in 1973," Fox News, May 4, 2020.
8. Sean Salai, "U.S. in League with China, North Korea, on Abortion," *The Washington Times*, January 31, 2022.
9. "Child Sexual Abuse Facts," YWCA.org.
10. Kathryn Darden, "Communist Agenda Found in 1958 Book, 1963 Congressional Record," Christian Activities, May 12, 2020, https://www.christianactivities.com/communist-agenda-found-in-1963-congressional-record.
11. Elizabeth Youmans, Jill Thrift, y Scott Allen, *La familia, base de una nación* (Editorial JUCUM, Tyler, Texas, 2013), 40.
12. Ibid., 4.
13. Dutch Sheets, *Authority in Prayer* (Minneapolis, MN: Bethany House, 1995), 21.

Capítulo 4: La familia puede salvar a la nación: Hogar por hogar

1. Will Ford, "The Prayers of My Forefathers (Former Slaves) Echo Today, 150 Years After the Civil War," willfordministries.com.

2. "Underground Railroad," Quakersintheworld.org.
3. Kaleena Fraga, checked by Jaclyn Anglis, "The Inspiring Story of Corrie Ten Boom, the Dutch Watchmaker Who Saved 800 Jews from the Holocaust," allthatsinteresting.com.
4. Sacks, *The Prayer Saturated Family*, 25-26.
5. William R. Osborne, "A House with Open Doors: Betsie and Corrie Ten Boom," May 11, 2020, https://credomag.com/2020/05/a-house-with-open-doors-betsie-and-corrie-ten-boom.

Capítulo 5: Cómo pasar tiempo a solas con Dios: Apártese a un lugar para encontrarse con Él

1. Arlyn Lawrence and Cheryl Sacks, *Prayer Saturated Kids* (Colorado Springs, CO: NavPress, 2007), 95-96.
2. Keith Wooden, *Teaching Children to Pray* (Grand Rapids, MI: Zondervan, 1992), 27.

Capítulo 6: Enriquezca su matrimonio por medio de la oración: Más intimidad, menos conflicto

1. Williams, *How to Have a Family Altar*, 11-12.
2. W. Bradford Wilcox, profesor de sociología y director del Proyecto Nacional de Matrimonios de la Universidad de Virginia, colaboró en la investigación con Christopher Ellison, de la Universidad de Texas, San Antonio, y Amy Burdette, de la Universidad Estatal de Florida. Se basaron en los datos obtenidos en la encuesta sobre religión y vida familiar de 2006, a 2.400 adultos de 18 a 59 años.
3. Sacks, *The Prayer Saturated Family*, 41-42.

Capítulo 7: Comience con la oración familiar: Formas de involucrar a todos

1. Sacks, *The Prayer Saturated Family*, 111-112.

2. Ibid., 117.

Capítulo 8: Bendiga a sus hijos: Impártales palabras vivificantes

1. Jack Zenger and Joseph Folkman, "The Ideal Praise-to-Criticism Ratio," Harvard Business Review, or Debbie Guinn, "How to Give Meaningful Blessings to Children," Ministry Spark.
2. Lawrence and Sacks, *Prayer Saturated Kids*, 49-50.
3. Ibid., 51-52.
4. William T. Ligon, Sr., *Imparting the Blessing to Your Children* (Brunswick: Shalom, Inc, 1989), 17.
5. Ibid., 13.
6. Lawrence and Sacks, *Prayer Saturated Kids*, 58.
7. Ibid., 57-58.
8. Ibid., 58.

Capítulo 9: Ore con la familia de Dios: Obtenga resultados exponenciales cuando la Ekklesia se mantiene unida

1. Véase Mateo 3:11; Lucas 3:16.
2. Véase Hechos 1:8; Filipenses 4:13.
3. Véase Mateo 10:7-8; Hebreos 13:7-8.
4. Jim Cymbala, *Fresh Wind, Fresh Fire* (Grand Rapids, MI: Zondervan, 1997), 60-66.
5. Cindy Jacobs, *The Reformation Manifesto: Your Part in God's Plan to Change Nations Today* (Bloomington, MN: Bethany House Publishers, 2008), 44-47.
6. Ibid., 48.
7. "The Time for Prayer: The Third Great Awakening," Christianity Today, Issue 23: "Spiritual Awakenings in North America,"

1989, https://www.christianitytoday.com/history/issues/issue-23/time-for-prayer-third-great-awakening.html.

Capítulo 10: Cómo crear una atmósfera vivificante en su hogar: Vivan bajo un cielo abierto

1. Sacks, *The Prayer Saturated Family*, 51.

Capítulo 11: Encienda el avivamiento: La diferencia que hace su altar de oración

1. Kerby Anderson, "The Decline of a Nation," Probe Ministries, 1991.
2. Gregory A. Smith, "About Three-in-Ten U.S. Adults Are Now Religiously Unaffiliated," Pew Research Center, December 14, 2021.
3. Michael Gryboski, "Only 6 Percent of Americans Have 'Biblical Worldview,' Research from George Barna Finds," The Christian Post, May 26, 2021.
4. Barna, "Changing Worldview Among Christians Over the Past 13 Years," Barna Research Group, March 9, 2009.
5. Barna, "American Worldview Inventory 2022, Release #3: A Detailed Look at How the Worldview of Parents of Preteens Misses the Mark," Arizona Christian University, April 12, 2022.
6. Ibid.
7. Barna, "Are We Losing the Next Generation?" BattleCry, November/December 2010.
8. Mulinde and Daniel, *Prayer Altars*, 29.
9. Chris Vennetti, *Journey into the Spirit Empowered Life* (Orlando, FL: Disciple Nations International, 2014), 171-172.
10. "The Trumpet Call," Ministry videos Godtube.com.
11. Chris Vennetti, *Journey into the Spirit Empowered Life*, 171-172.
12. Mulinde and Daniel, *Prayer Altars*, 13.

13. Ibid., 14-15.

Una guía de oración en familia para 10 días
1. Gary Smalley and John Trent, *The Blessing* (Nashville, TN: Thomas Nelson, 2004), 109.
2. NetNanny, "The Detrimental Effects of Pornography on Small Children," https://www.netnanny.com/blog/the-detrimental-effects-of-pornography-on-small-children.

Sobre La Autora

Cheryl Sacks es autora de best-sellers, conferencista nacional, movilizadora de oración y consultora de oración eclesial. Su serie de libros *Prayer-Sat*urated (*Empapados de oración*) —que incluye *The Prayer Saturated Church (Iglesia), Prayer Saturated Kids (niños)* y *The Prayer Saturated Family (familia)*— ha bendecido y enseñado a decenas de miles de personas y familias a profundizar en la oración. Es autora de varias guías de oración, entre otras *Reclaim a Generation: 21 Days of Prayer for Schools* (*Reclame una generación: 21 días de oración por las escuelas*), disponible en prayershop.org.

El sueño de Cheryl es ver familias sanadas, restauradas y capacitadas por el Espíritu Santo, para propiciar un despertar espiritual y fuegos de avivamiento que Él quiere extender a los hogares y a la nación. Cheryl y su esposo, Hal, son fundadores y directores de BridgeBuilders International Leadership Network, ministerio de oración transformacional ubicado en el campus de la Arizona Christian University, en el área de Phoenix, Arizona. Tienen una hija casada y tres hermosos nietos. Más información sobre el ministerio de Cheryl y Hal se puede obtener en bridgebuilders.net y prayersaturated.life.

www.ingramcontent.com/pod-product-compliance
Lightning Source LLC
Chambersburg PA
CBHW070048080526
44586CB00013B/956